● 中学美文读本

怦然心动

主　　编：北京大学中文系主任博士生导师
温儒敏
北京师范大学中文系博士生导师
王富仁

（下）

吉林人民出版社

三十万

>> 李小靖

假如是三十万头牛羊在哀叫，你能不怦然心动吗？假如是三十万棵树木轰然倒下，你可以无动于衷吗？而这三十万人辗转倒下时，你却多么冷漠。

面对着南京大屠杀纪念碑上漆黑的大字：遇难者300000人。我知道我面对的是三十万个冤魂，三十万个一直不能闭上眼睛的冤魂！三十万人，是一座城市的人口，而这座“城市”却被从地球上抹去了，只剩下了枯骨和血印。血印也淡了，只剩下了枯骨。生命有时那样珍贵，有时却又如此微贱。

阴森黑暗的大厅里到处都是死亡的痕迹。头颅上留着弹孔刀痕的枯骨上，空空的眼眶瞪视着每个过往的人，瞪视着黑糊糊的屋顶，仿佛要瞪穿那屋顶，怒视那天上的神祇。天上的神祇：如果你像我一样有眼，请和我一起看看那已经成河的鲜血和那已经成山的尸骨；如果你像我一样有耳，请我和一起听听那呻吟、哭泣和垂死的哀叫；如果你像我一样有鼻，请和我一起闻闻那冲天的血腥和尸臭。假如是三十万头牛羊在哀叫，你能不怦然心动吗？假如是三十万棵树木轰然倒下，你可以无动于衷吗？而这三十万人辗转倒下时，你却多么冷漠。

有民族必有民族性，可如果被人利用，却可以让那么多人心安理得地杀人、放火、强奸、抢劫，把三十万人的生命像无知觉的木石般毁弃。每一个中国人，都应该放开喉咙，去大吼，去号叫，去恸哭，告知那三十万个冤魂：中国有无比宽厚的胸膛，但这胸膛不会用来包容那利剑般的仇恨；中国有无比坚实的臂膊，但这臂膊不会用来承受那敌寇的毒箭。我们并不富有，但我们不是奴隶，也不应该为不甘做奴隶而遭到杀戮，我们的血应当流得值得。三十万道血痕，每一道都沉甸甸地抹在中国人的心上，让中国人都感受那锥心的刺痛。而日本人呢？当那些“高贵”的“日本武士”们将战刀砍向他们认为卑贱的中国人时，是否感到了那足以毁灭一切的怒火，并且为之悚然惊心了吗？比死亡更可怕的，是仇恨，仇恨像一根刺一样刺在人心上，压抑着人的心，压抑着，压抑着，直到一次爆发；比死亡更可悲的是，是淡忘，那些失去了中国心的中国人，再感觉不到仇恨的刺，却换来一片麻木的心胸。时间的流逝，无知的淡漠，掩盖不了那血痕，鲜红的血迹仍然触目，对每一个清醒的人尤是如此。

在麻木中死亡，在痛苦中生存。我们如何选择？生存还是死亡？每一个清醒的中国人，必然要背负仇恨的痛苦。但活在痛苦中比活在麻木中更有意义。至少，不会再有一个三十万。

■赏析

这篇文章在处理“观”和“感”的关系上颇有特点。只对“纪念碑”和“大厅”作简单的描写后，便迅速转入了评议，由对“天上神祇”极富想象力的质问，到对“民族性”铿锵有力的论说，由对日本帝国主产的怒斥，到对“淡忘历史”的中国人的痛心，文章表明了这样态度：“每一个清醒的人”，都必须牢记那段耻辱，尽管这可能会非常痛苦。“感”的内容由表象到实质，由具体实物到抽象的心理感受，很有层次。

另外，本文大量使用了排比、反问等句式，对于突出主题，营造一贯始终的悲愤的感情氛围起到了很好的作用。

“中国人”的悲哀

>> 罗洪波

中国是一头睁开了睡眼的醒狮，而自尊、自爱、自信、自强，会使这头“醒狮”挺起坚硬的脊梁，重振雄风，成为世界第一巨人！

包头出产的“麦力宝”面包，包装上印着这样的字样：

第十一届亚运会标志产品；北京康乐公司、包头安福公司联合出品；配料：法国酵母、添加剂，英国椰蓉、椰粉，澳洲黄油。

质量好坏且不说，仅这些“洋配料”，就够令人瞠目的了。有“好事者”入厂探得：它原与普通面包生产一般无二，未见那些“洋货”在何处。

这不禁让人感叹，连一只面包配料，也要加上西洋国号做广告，真是某些“中国人”的悲哀！

自尊，是人之根本，也是国之根本。可借他人之金贴脸的人古已有之。

有一则笑话，宋代一老妇出殡，灵牌上书“王丞相故居隔壁豆腐店王阿奶之灵位”，观者无不笑其愚。“麦力宝”面包包装可以说与“王阿奶”之灵牌有异曲同工之妙。

中国是东方巨人，中国人是堂堂的炎黄子孙，而某些人却非要沾点儿“洋”才能抬起头来，岂不可悲?！盲目崇拜的劣根性，使现代某些青年一定要穿阿迪达斯的运动服耐克鞋，中国人非裹上“洋包装”才显神气。而这些青年正被看作是中国的希望，真是可悲！

自爱，是做人的基础，也是立国的基础。中国必须爱护自己的企业，保障它们的发展。中国自己的工厂生产不出优质酵母？中国的奶牛不产奶？中国的椰树不结果？我不信！照这么说，中国人只有漂洋过海，到日本换上假牙，吃这个“麦力宝”面包才更有味儿？

人如果缺少自信，就无法直腰站在世上。一个国家必须有自信才能屹立于地球，否则就会成为别国的附庸。

中国人正是要抛弃盲目崇拜的心理，扬起自信的风帆，才能振兴中华。

日本人凭着“我们的汽车比美国好”的信念，坚持不懈，终于使“丰田”占领美国市场。中国人如果没有“我们不比别人差”的信念，那就太可悲了！

自强，使人奋进，使国振兴。中国人要自强不息，艰苦奋斗，抹掉包装上的法国酵母、英国椰蓉、澳洲黄油。创造出自己的优质产品。

中国地大、物博、人多，我们完全有能力赶上发达的国家，建设强大的中国，洗尽“中国人”的悲哀！

有人说，中国是一头睁开了睡眼的醒狮，而自尊、自爱、自信、自强，会使这头“醒狮”挺起坚硬的脊梁，重振雄风，成为世界第一巨人！印有鲜红“中国”大字的“麦力宝”，也必将风靡全球！

赏析

中国就有那么一些人，自轻、自贱、自惭、开秽、缺乏自尊、自爱，没有自信自强，两眼只盯外国。外国的月亮也比中国的圆。这种人没有人格、国格，没有脊梁骨，在外国人面前，卑躬曲膝，摇尾乞怜，是中国人种的变异。

自尊、自爱、自信、自强，这是中国人雄居世界的根本！这个宝贝可不能丢掉啊！

对小小面包的包装纸作了深入开掘，揭示出深刻道理，批评社会上存在的“贱己媚外”心理，催人自尊自爱，激人自信自强，很有针对性。结构紧凑严谨，正文多次照应标题，各部分间相互呼应，激情澎湃，气势凌厉；说理咄咄逼人，不容置疑；语言铿锵有力，电闪雷击。严肃中不乏幽默风趣。

心灵独语

人生短曲

>> 刘　墉

平凡而激动的场面出现：握手、亲吻、拥抱。啊，我希望在那瞬间，情人眼里的对方将更年轻更美丽；妻子从丈夫的一根新添的白发中看到了诚实，丈夫从妻子的眼纹中看见了坚贞；哪怕岁月这般地无情无义。

别离两字，叫人想起魔鬼，神巫。

魔鬼和神巫在童话里常扮演拆散一对人儿的角色，阴阳相隔，自无话说。活着的人们，夫妻，母子、父子等等，为何要分异呢？真有些不明白。从来不喜欢“因误会而结合，因了解而分开”这句老套话，虽然它是一个存在的事实，但始终是个悲剧。我喜欢“因了解而结合，因误会而分开”这句话，虽然世风下已不太通行，却合乎人情，而且毕竟是个喜剧。它有言归于好的希望。也许我笨，看不透复杂的人情事故；也许我痴，总希望月常圆、人常好。

在人生这戏剧舞台上，日日夜夜在演着伤离惜别的伤心故事。纵是暂时离别，也自有苦衷，有一番难受。

我有时真希望回复到牙牙学语的婴孩，不知离愁滋味。然而今天，别离几乎成了家常便饭。

怀念是只虫，每天每夜啃咬着人的心。心犹如一片桑叶，不住地被蚕食。你能不被折磨得消瘦？怀念啊，有时也是条蛇，它时时刻刻缠绕着你的身躯，使你无法动弹，做起事来绵软乏劲。你怎样轻易摆脱那份愁苦烦恼？怀念更常是醒不过的甜梦。在梦里，爱人的指责变成呵护，孩子的劣顽变成可亲，朋友的过失也变成可原谅，你难道不喜欢梦断天亮？诚然，怀念更像加了糖的咖啡，初尝有点儿苦涩，却是苦中有甜，精神末梢被刺激地亢奋；犹像醇酒，觉着那舒服的微酿；更如榴莲，惯吃着不仅易咽且有浓香常留齿间。你的一生难道不曾亲尝此等滋味？怀念说是五色酱，包含甜、酸、苦、辣。它永远是一首诗，一首美丽的抒情诗。

重逢是将两处遥远的空间缩成一点，爆炸！重逢啊，是把两团积蓄得太久的感情熔在一起，让它激烈燃烧，发出令人喜悦之火花！重逢的机缘很神奇，有时妙不可言，似乎冥冥之中有善良之神妥善安排，机遇偶然也颇必然。

于是平凡而激动的场面出现：握手、亲吻、拥抱。啊，我希望在那瞬间，情人眼里的对方将更年轻更美丽；妻子从丈夫的一根新添的白发中看到了诚实，丈夫从妻子的眼纹中看见了坚贞；哪怕岁月这般地无情无义。

但愿人生的别离、怀念、重逢是首节奏明快的三部曲，不要缺了一部。

但愿普天下善良而不幸的人们，能够像跳慢三或快三步那样，从容勇敢完成它。

赏析

别离、怀念、重逢——这人生的三部曲，哀婉、凄美、动人，缺少其中的一部，生命似乎就缺少了一种亮色。

“伤离惜别的伤心”，“绵软乏劲”的怀念，以及撼动心魄的重逢，无一不透出生活的真、美。于短暂的生命履历中，不断充实着、完美着生活的每一个细节，不断填补着空旷的精神空间，这是三位一体之美，交融汇合之美，静态与动态相互交织之美。

既然美，我们何不“从容勇敢完成它”呢？

与水亲近

>> 刘　墉

它是用大地的收获酿制的。它是以满天的星雨调成的，它是在时光的酒窖里发酵的，它是靠心灵的杯盏盛载的。

人们赞颂过父亲，歌唱过母亲，怎能忘记滋润万物的水亲呢?

地球几乎要绽放一丝笑容，以感谢宇宙赐予久旱之后的甘霖。

多了解这个生命的基本要素如何运作。看看接近水、在水里、或与水长相左右的滋味如何。尽量想想自己身体与水的各种互动方式。你可以喝水，沐浴，用水洗车洗狗，用水烹调，做冰棒。你也可以泡在按摩浴缸里，或做剧烈的运动让自己出一身汗。

今天快结束时，看看你是否比刚开始时更乐于与水为伍，如果你本来就很自得于水，就多想一些方法去更了解水性。在欧洲的所有温泉胜地，人们都时兴“水疗”，而他们到这些自然温泉进行治疗的费用，保险公司也都理赔。

如果你居家附近有一大片水域，今天就去。你可以坐着橡皮艇或轮胎的内胎在水上漂流，边看杂志边喝冰的柠檬水或茶。要不然，你也可以坐在湖畔或海边，看那一大片水如何展现风貌，如何放肆地四处流动，激得你想鼓起勇气前去一探究竟。看那一波波的浪有力地拍打崖上，然后又急速退回，如此一再地唱着它们的永恒之歌。如果今天刚好下雨，你就要特别注意四周事物的变化。看天空逐渐转暗，空气里飘着不同的味道，而四周的水气也渐渐增加。然后突然之间，你就觉得雨点往你脸上身上落下来。在雨中消磨一些时间，看这地球几乎要绽放一丝笑容，以感谢宇宙赐予久旱之后的甘霖。

赏析

这是一个水的世界：水样的温柔，水样的冲动，水样的热烈，水样的激情……

享受生命之舟顺水而逝的旖旎，享受这水天一色的生命美景，让水浸润我们生活的每一秒钟，让水注入我们灵魂的深处，荡起欢笑，荡起忧愁！

没有水的世界，就没有生命的绿洲。

没有水的世界，就没有我们内心涌动的激流！

“感谢宇宙赐予久旱之后的甘霖”，感谢自然之水，生命之水！

如动如水

>> 刘 墉

心静如镜时，是心灵在观照着；心动如水时，是心灵在自洁着。因为惟静态有利于观照自身，惟动态有益于优化人生。

惟心灵规律的动静结合，才能育出开合有致的人生花朵。

心静如镜时，是心灵在观照着；心动如水时，是心灵在自洁着。因为惟静态有利于观照自身，惟动态有益于优化人生。

心儿该动时就动个痛快，上接涛涛银河水，下贯冥冥九命泉。让心儿在纵横浩翰的时空尽撒欢儿，打足滚儿。不要只迷恋于一方“金色池塘”，不要只满足于“古井涸辙”。要让心儿容得下大千世界，纳得下茫茫宇宙。

心儿该静时，就让它静得听得见生命新芽的萌发，道德情思的羽化。不要以为尘市的嚣声已经隐没，就可以求得灵魂的安宁，心灵真形的毕现；——那样，实际上观照得到的仍不属于“真”，而是乏于“参照系”的已经逝去的“幽魂”。

动静有序的心灵，像生命时钟的昼夜运行。然而，无论是动抑或是静，都是人生的辉煌史，都是力与美构成的生存智慧的演出。

“青条上半睡的小花”，是一种动静结合的特例，它隐喻的是纯情的初恋。青条如若睁大着眼睛，会驱走半是朦胧、半是清醒的神态，从而丧失人生唯一的神话般的初恋境界。

“融冰下的汩汩春水”，是另一种动静结合的特例。它隐喻着心灵视野的奔放和生活姿态的稳健。心灵如不奔放着，就太乏味了；生活姿态如不稳健，丧失生存基石的潜在威胁就太大了。

“该凝固的就叫它凝固，该活化的就让它活化”，这又是一种动静结合的特例。昨天，就让它凝固成化石；明天，就把它活化成生命的“创世纪”！

动静结合的动，是朝前走的动；动静结合的静，是隐而不止的静。

退着走的灵魂，只能坠入人生的“死角”，浸入静静的僵化的悲哀。

赏析

这“动静结合”之中蕴含着生命的真、生命的美。

于静中感知生命的萌发，于动中感知生命的稳健。常常“观照”自己的心灵，并时时“自洁”自己的生命。人生才会有这静态和动态之美，才会体味到动中有静、静中有动的神韵。

愿所有的人都“心静如镜”，“心动如水”。

记住：是“朝前走的动”，可不能后退！

叶的故事

>> 刘　墉

不要怕枯叶的凋零萎谢，只要还有苍穹，就有叶的地方。

新叶的来处不正是混和在泥土中的凋叶？

没有叶脉相同的两片叶，每一片叶都是一片独自的历史。虽然它在无际的青葱中总是难以分辨，但一阵风从树上抖落下来的，却是那么清晰的一片。摇曳颠簸着似孤舟，寻着彼岸的归宿。

乘着突然强劲的风势，它想一个翻腾，重新躺靠在历史的树干上，奈何一瞬后，仍然这般无力地颠簸下来。放心地安歇吧！等着你的是温暖包容的泥土，你埋在里面会觉得舒服。太阳在那方未曾死去，甘霖更要经常滋润你的身，光和水沁得你焕然一新。于是，有机会时，你自然要再披上嫩绿的衣裳。

在那堆黝黑掺黄的泥土里，我隐约可见你凋残的叶形，直至你完全腐毁埋没之后，我仍知道你还是存在。于是，我突然悟到枝上的绿叶，原来是污泥的再造，而一堆残垢的土壤，根本就是充沛着生命的绿色。

人的生命岂会异于叶，以新绿转为微黄，以骄矜变为软解。每一片叶，每一个人，都是走着这历程。但永远没有两片树叶贴在一起一模一样，也没有两个人的呼吸一直是一致的。你也许常关念的是一片落叶的萧萧，可曾想过，新叶的来处不也正是混和在泥土中的凋叶？曾否因为源源不息，却竟是不重复过的生命珍重自己？

不要怕枯叶的凋零萎谢，只要还有苍穹，就有叶的地方。也不要怕叶的平凡，因为每片叶负着不同的故事。

赏析

只要有阳光的存在，这世界就会生生不息。

生命的过程既短暂又永恒，因为：死亡是生的延续，生也热烈，死也壮美。只要把握好生活的每一个细节，抓住那片“青葱”，那片美丽，精神的叶子就会永远嵌于“历史的树干上”。

“化腐朽为力量，”从“微黄”的凋叶的身上，你会看到延续生命的亮光，你会看到一个人短暂、平凡、美丽而又独特的一生！

为理想造句

>> 萧　萧

在走向人生这个征途中，最重要的即不是财产，也不是地位。而在自己胸中像火焰一般燃烧起的一念，即“理想”。

理想是石，撞击生命的火花。

理想是火，点燃了奄奄一息的灯。

理想是灯，照亮夜行者踽踽独行的路。

理想是路，引领我们走向黎明。

理想是黎明，天要亮未亮，我们一起等待朝阳。

理想是可以期待的那一颗朝阳。

我试着为理想造句，发觉一切都那么美好，充满了希望，不论是石、火、灯、路，还是黎明、朝阳。

是不是因为“理想”二字本身就富于积极思考的意义？如果是，那任何人心中都该有自己的理想，从一岁到101岁，为自己绘一张未来的蓝图。一岁时，单纯地向往母亲的怀抱；11岁时，乐于玩具；21岁了，与我相吸相引的爱人在哪里？

41岁了，仍然有自己的理想，期盼事业的巅峰，望尽一切山海平芜；或者领悟人生的道理，心中常存一分春；或者，所爱尽在眼前，平安就是福；或者，小小的理想：小小的一座可以爬的山，小小的一块可以种的田，小小的一段可以回味的秘密。

可能41岁的人向往着山宁海静，可能71岁的人希望东山再起，这些都不妨碍91岁的人仍然保有跃跃欲试的心、勃勃然想飞的意愿。

是理想，就存在积极的意义。

我试着造颓丧的句子：

理想是永远到不了的远方。

理想是永远航行不到的彼岸。

理想是一盏飘忽的灯，诱惑我们跌人失望的渊谷。

可是，很快我就会为每一句话找到更有力的一块反击的跳板，一跳，又跳到某种理想的高度。

理想是永远到不了的远方，但是我们要永远相信远方。

理想是永远航行不到的彼岸，彼岸一到，此岸又成彼岸，我们仍然有理想，有方向，有努力以赴的彼岸。

理想是一盏飘忽的灯，诱惑我们跌入失望的渊谷，这时，我们不妨休息休息，望着飘忽的灯想着星星。永远，远方亮着一颗星。

赏析

点亮理想的灯盏，让心远航。生命会因此而辉煌，青春会因此而延长。

不管是身处险滩，还是只身逆境，只要有理想作伴，你总会看到远方永远有一颗亮着的星。

让生命之树因拥有理想而枝繁叶茂，让心灵荒漠因拥有理想而吐露生机！

紫藤萝瀑布

>> 宗 璞

花和人都会遇到各种各样的不幸，但是生命的长河是无止境的。我抚摸了一下那小小的紫色的花舱，那里装满生命的酒酿，它张满了帆，在这闪光的花的河流上航行。

我不由得停住了脚步。

从未见过开得这样盛的藤萝，只见一片辉煌的淡紫色，像一条瀑布，从空中垂下，不见其发端，也不见其终极，只是深深浅浅的紫，仿佛在流动，在欢笑，在不停地生长。紫色的大条幅上，泛着点点银光，就像迸溅的水花。仔细看时，才知那是每一朵紫花中最浅淡的部分，在和阳光之间互相挑逗。

这里春红已谢，没有赏花的人，也没有蜂围蝶阵，有的就是这一树闪光的，盛开的藤萝。花朵一串挨着一串，一朵接着一朵，彼此推着挤着，好不活泼热闹。

“我在开花！”它们在笑。

“我在开花！”它们嚷嚷。

每一穗花都是上面的盛开，下面的待放。颜色便上浅下深，好像那紫色沉淀下来了，沉淀在最嫩最小的花苞里。每一朵盛开的花像是一个张满了的小小的帆，帆下带着尖底的舱。船舱鼓鼓的，又像一个忍俊不禁的笑容，就要展开似的。那里装的是什么仙露琼浆？我凑上去，想摘一朵。

但是我没有摘。我没有摘花的习惯。我只是伫立凝望，觉得这一条紫藤萝瀑布不只在我眼前，也在我心上缓缓流过。流着流着，它带走了这些时候一直压在我心上的关于生死的疑惑，关于疾病的痛楚。我浸在这繁密的花朵的光辉中，别的一切暂时都不存在，有的只是精神的宁静和生的喜悦。

这里除了光彩，还有淡淡的芳香，香气似乎也是浅紫色的，梦幻一般轻轻地笼罩着我。忽然记起十多年前家门外也曾有过一大株紫藤萝，它依傍一棵枯槐爬得很高，但花朵从来都稀落，东一穗西一串伶仃地挂在树梢，好像在察颜观色，试探什么。后来索性连那稀零的花串也没有了。园中别的紫藤花架也都拆掉，改种了果树。我曾遗憾地想：这里再也看不见藤萝花了。

过了这么多年，藤萝花又开了，而且开得这样盛，这样密，紫色的瀑布遮住了粗壮的盘虬卧龙般的枝干，不断地流着、流着，流向人的心底。

花和人都会遇到各种各样的不幸，但是生命的长河是无止境的。我抚摸了一下那小小的紫色的花舱，那里装满生命的酒酿，它张满了帆，在这闪光的花的河流上航行。它是万花中的一朵，也正是由每一个一朵，组成了万花灿烂的流动的瀑布。

在这浅紫色的光辉和浅紫色的芳香中，我不觉加快了脚步。

赏析

是的，生命的长河是无止境的，正像这紫藤萝“灿烂的流动的瀑布”。那盛艳的花朵，一朵挨着一朵，挨得那么紧，那么亲昵！这是生命酿成的“花舱”，它携裹着多么巨大的生命的强音，在“我”心中汩汩地奔涌着，奔涌着……

当“我”晦暗的心底第一次遭到紫藤萝花猛烈的冲击的时候，“我”倏然洞悉了生命的真谛，“别的一切暂时都不存在，有的只是精神的宁静和生的喜悦”……

一丝默默的关注

>> 赵金禾

有一对眼睛总看着你。那种眼神穿透了风雨，穿越时空，总温暖着你的心。你便不能有丝毫的怠情，不能有片刻的自弃，不能有点滴的辜负。

一个人总希望自己被人关注。被人关注是个什么滋味呢？

名人的被关注，名人自己也感到讨嫌。在讨嫌之前，大约是希望人关注的。

我也向往着被关注。我欣赏的被关注，是一种默默的、无私的、不带功利的。它就像是母亲的牵挂，是把自己的心掏出来，去呵护着一个人的灵魂。

有一对眼睛总看着你。那种眼神穿透了风雨，穿越时空，总温暖着你的心。你便不能有丝毫的怠情，不能有片刻的自弃，不能有点滴的辜负。

这种关注不是说出来的，也不是做出来的，是从生命的能量中释放出来的，你的感动也是生命的感动。只要有可能，只要是必须，你可以牺牲自己的一切。

当你清冷的时候，一想到这种关注，你就不觉得孤寂了。

当你热闹的时候，一想到这种关注，你就不那么犯糊涂了。

这是一种神圣的关注。

你被这种关注关注着，你也关注着这种关注。

关注与关注的对话，往往是无须说话。纵然有许多话要说，要说的话永远也说不完，永远说着说不完的话还嫌不永远，说起来，也是简单的话，平常的话，淡然的话，譬如一声“再见”，譬如一声“保重”，譬如一声“只要你好”，或是“你好我就好”，就胜过了许多的话，就有了许多的意味。

有位女作家说，读书，看报，千千万万的黑字在白纸上浮游，忽见一字，是自己思念的那个人的姓名当中的一个，心里也挂念、联想、关切起那个人来，而那个人就音容宛在。

这就是关注的神意，也最是让人懂得什么叫“无声胜有声”，什么叫“记得绿罗裙，处处怜芳草”了。

赏 析

我向往那种“神圣的关注”，因为它带给你的是慰藉，是力量，是比慰藉和力量还要动容的真诚。

其实，关注就是爱与爱的对视，勿须语言，勿须动作，只需要那种发自心底的关爱和激情。在关注中，这世界鲜亮起来；在关注中，这人生才有滋有味儿。

唾弃那种谋取“功利”的关注，真诚地，“把自己的心掏出来，去呵护着一个人的灵魂”。

人生如砂，岁月如筛

>> 熊伟威

人生如砂，岁月如筛。人一生当中的每一次经历和遭遇都是铺就人生路的砂石，是砂石总免不了砂的粗沥，一时可能还很扎脚，甚至会皮破血流。而岁月正如一面筛子，它将粗砂经过筛选，留下一些精致、柔顺、和谐的砂子，让人在回首看曾经走过的路时，总会感到不由自主地留恋与珍惜。

与一位好友彻夜谈心，他说：“这么长时间过去了，以前的一些痛苦、烦恼，和人的龃龉、嫉妒、偏狭都没了，只留下对往事的宽容、理解与接纳，真后悔，当初为什么会那样做……”

我听了，不禁深有感触。

譬如失败。考试落榜，生意赔本，人际关系处理不好，受领导轻视，压制，受同行排挤……当时的痛苦难以叙说，但等你历经坎坷之后，再回头看时，发觉留在记忆里的已不是当时那种失落、彷惶，而是对这些挫折的反思，对生命的领悟和对人生更深层的理解……

人生如砂，岁月如筛。人一生当中的每一次经历和遭遇都是铺就人生路的砂石，是砂石总免不了砂的粗沥，一时可能还很扎脚，甚至会皮破血流。而岁月正如一面筛子，它将粗砂经过筛选，留下一些精致、柔顺、和谐的砂子，让人在回首看曾经走过的路时，总会感到不由自主地留恋与珍惜。

所以，无论怎样的不幸与失意，都存在着和谐、合理的一面。因为这些和谐与合理的因素常被一些不合理、不和谐的东西包裹，于是就不得不让人产生困惑与痛苦。如果在历经这些不幸与失意时，能想想这些，你的人生也许会多几分笑容，几分完美。

所以，无论别人怎样，都不必去嫉妒、打击、排挤或压制。人生允许他那样，也会允许你那样。为了免得经过如筛岁月筛选后产生太多的追悔，不妨——宽容些！对人、对事……

赏 析

学会宽容，人生就会“多几分笑容，几分完美”。

“对挫折的反思，对生命的领悟和对人生的深层理解……”这一切，即是宽容的延伸和发展。要知道，即便是“不幸和失意”，也“存在着和谐、合理的一面”，倘若领悟了人生的真谛，哪儿还有那么多“痛苦、烦恼”可言?

还是那句老话：走自己的路，让别人去说吧。

呵护温柔

>> 丁文俊

寻一丝温柔易，寻大把温柔难；寻短暂的温柔易，寻永远的温柔难；寻独享的温柔易，寻众人的温柔难；寻内心自发的温柔易，寻外人赠予的温柔难。

初识温柔，是令诗人徐志摩沉醉的那种“一低头的温柔”；再读温柔，是胡也频《温柔》一诗中的画面：“……斜过你含笑的脸儿，如春阳里雪捏的美人，软软地须要持撑”；静品温柔，是那种母女相拥、父子相视的亲情；细赏温柔，是白发夫妻牵手时深情的流动……

然而，在似乎渐少温柔的世界里寻找温柔时才发觉，温柔是一棵纤细的小草，被狂风吹弯了时已不是温柔；温柔是一点微弱的火苗，被暴雨浇湿了时便失去了温柔；温柔是一根琴上的弦，被粗暴折断了时也难再温柔。现实中，常常地，温柔是种种的遗憾——

当我们伴着轻音乐望着知心人品味着美味佳肴时，胸中掠过满足的温柔。可如果乐曲成为强烈的噪音，或伙伴除了“喝酒”二字别无可言，脸上就挂了烦躁无奈的尴尬笑容。

当少女依偎着恋人体味着现在、憧憬着未来时，周围洋溢着迷醉的温柔，可如果少女太“少”或恋人常“新”，且在公园里展示亲密，善良的人们不免为其担忧。

当辛苦地在厨房里转着的主妇想着丈夫回家的脚步声时，心里荡漾着期待的温柔。可如果丈夫深夜未归或进了家门还带着一副办公室里的扑克牌面孔，妻子就会再次提出家务分工必要性的话题。

当午夜时分抛掉一天的疲劳躺在柔软的床上，准备体验梦的甜蜜时，屋里充盈着朦胧的温柔。可如果此时窗外或楼上不时传来间歇性的“振奋人心”的唱声、笑声、跳声、电视声，“安居乐业”者会有一种跳起来、冲出去、骂一顿的冲动。

嗨！寻一丝温柔易，寻大把温柔难；寻短暂的温柔易，寻永远的温柔难；寻独享的温柔易，寻众人的温柔难；寻内心自发的温柔易，寻外人赠予的温柔难。

温柔是美，是和谐。是“魔鬼我”向“天使我”的转化，是物我的合一与人我的合一，是内心的平衡调和与外在的一致谐调。

而且，温柔须靠大家共同呵护……

赏析

作者要告诉大家的是：温柔虽美，但却是“一棵纤细的小草”，“需靠大家共同呵护”。

营造温柔就是营造一个美好的生存空间，营造一种婉约、和谐的心境，达到“物我的合一与人我的合一”的良好生存氛围。

呵护温柔，首先应该学会呵护别人，用真心的付出换回真心的回报，用心灵去感受心灵。

“静品温柔”，静思温柔。

亲爱的头颅

>> 罗　西

世间有许多诱惑：桂冠、权贵，但那都是身外之物，只有生命最真。世间有许多斗笠、雨伞和帽子，其实最不会改变、最贴心意的是你亲爱的头颅。

一位93岁高龄的富翁，病得很严重，他想，自己快要死了。身边的侍者天天照顾他吃药、打针，但这位老爷仍觉得一切都将结束，眼前一片虚无，茫茫然似乎不知自己身在何处。

有一天，来了一位隐士，并提供给老爷一个秘方：名字被复诵者，长生不老！老爷突然发现自己的名字已“消失”了近80年。平常因为尊卑的缘故，没有人敢叫他的原名，只有“老爷”这个高贵的代号。当他忆起自己的名字叫“梁琪”时，居然热泪滂沱。久违了，那个真正的自己，似乎第一次用自己的手摸到自己的心跳。

富翁请来6个仆人，在阁楼上日夜不停地轮流复诵他的名字：梁琪、梁琪……就这样坚持着。有一天，他的身体竟然真的开始变化——身体逐渐康复，而且日渐年轻，生命仿佛获得重生。

世间有许多诱惑：桂冠、权贵，但那都是身外之物，只有生命最真。世间有许多斗笠、雨伞和帽子，其实最不会改变、最贴心意的是你亲爱的头颅。

赏析

生命的复归，灵魂的复归，一切的一切，都归于两个字：本真！

那些依仗权势者，那些攀龙附凤者，那些沉溺不前者，你们生命的本真在哪里？

要想解读生命的真谛，首先应该解读自己，解读自己生命的弦线如何穿越尘世、消匿于天际，解读生命的枝桠之上，是否有蚜虫的侵袭。

记住，“一切身外之物”都是虚构的美丽，“最贴心意的是你亲爱的头颅”。

自 责

>> 任致均

我在梦中看到自己晶莹的泪珠，颗颗诉说着醒后无尽的辛酸与长长的怅惘。

周老师是学校食堂的师傅，曾领着我们这群学生做些剥蒜洗菜之类的杂活儿。主任向我们介绍他时，说道："这是周……周老师。"于是他木讷的脸上便显出些得意神色来。

上班时他穿一件油污的白衫——倘若不是其他师傅一律穿着白衫，很难想见他衬衫的颜色；脸色如喝过了酒一般，微微泛着红色；抽烟时便蹲在食堂的第三级台阶上，香烟是一种低劣而便宜的牌子；下班后便换了油污的白衫，穿起另外的并不十分干净的衣服。

猥琐，只这两个字便可以概括他了，简单而又全面。

毕业考试结束后，我们排着队去礼堂。走过食堂时，望见周老师正蹲在第三级台阶上，一口一口地吸着烟，见我们的队伍笑着闹着走来，便忽地站起身，脸色是红红的，也许不是因为喝过了酒。似乎正盼着什么似的，颇有些恭敬神色。

见他这副模样，我记起来，在他领着我们一起做杂活儿时，学生们大多毫无恭敬地叫他一声"周老师"——因为西装革履的主任便是这样称呼他。每每听见了一声"周老师"，他不论有怎样重要的事也要弃在一边，赶过来应着。能听见一两声"周老师"，便能使他欣喜起来，干活儿也尤其卖力气。

他是盼着哪个知道他姓周的学生能过去叫他一声"周老师"吗？我感到一股因怜悯而生的痛楚。他实在只是个小人物，穿着油污的白衫。他必是将"周老师"这称谓当做了难得的尊敬、当做了极高的荣誉、当做了奢侈的享受。为了维持这个虚假的称谓给他带来的满足感，可怜的时时受人轻贱的周老师，一定是忘却了当学生们这样叫他时所显现出来的毫不掩饰的不屑与轻蔑。

他捻了捻指间的半截香烟，或是想要将它踩熄在脚下，他一定以为在学生面前吸烟是极粗俗极龌龊的事。可是那香烟还可以吸几口，于是便进退无措地夹在了指间，烟头上泛着一些暗黄的光晕。一个个学生从他眼前走过去了，虽则叫不出名来，却大多是认识的。周老师一定竭力寻着哪个学生肯用余光向他这里扫一扫。可是，没有。他仍是笑着，尴尬得很，看了使人心寒。

我真想叫他一声周老师，真想向他笑笑，真想让他知道有个学生从不曾轻视过他。可是我终于只是茫然着，麻木着，向着前方，昂着头，走过他眼前。我不知当时我何以能摆出这样一副面孔，这样一副神情来。日后，当我因此而受着良心的谴责时，做不出任何解释。我只是想着：走过去，走过去。

然而，我的心、我的血液，却颤抖得如地震将临时的岩浆一般。我实在不敢确定，下一步迈出后，是踩在坚实的大地上，还是踩在了周老师的心上。然而我只有走过去，走过去。

不敢回头望，因为周老师正站在那里。可是我心里却又切实而清楚地望见了身后的周老师：渐渐低垂了头，当最后一个学生消失在教学楼里之后，便重又蹲在了第三级台阶上。指间的香烟即将燃尽，烟气一缕缕的，称不上是氤氲，一会儿便散了去。他自然无心看这个，一只手在油污的白衫上抹拭。脸色如往常一般，红红的，像是猛喝了几口白酒，或者有些暗淡神色，又或者他并没有如此敏感的心。可是我终不能忘却他忽地站起来，致敬似的望着学生们，尴尬地受着学生们趾高气扬的轻蔑，却又带着如此多的期盼，等着，等着，等着有哪个知道他姓周的学生能来叫他一声“周老师”——虽则他并不能算是个老师。

失望？失落？凄然？他也许并不能感受到，或者他只晓得一支一支抽尽了口袋里的烟，一日一日混过了这一次生命。可是我终不能忘却，不能忘却那一声不曾叫出口的“周老师”。

心已经麻木，可是每每念及那一件油污的白衫，便生出几分歉意来。

赏析

一个人有时做了件错事，有时不留意伤害了别人，心中便不免生出后悔和歉意来，这就是自责。自责是心灵的醒悟，是良心的发现，是正

义感的表露。能够自责的人，今后就会少办错事，少走弯路，就能得到别人的谅解。你办过错事，伤害过别人吗？你自责过自己吗？

这是一篇颇具可读性、鉴赏性的散文。虽然全文没有跌宕起伏的故事，但作者冷静、严厉的心理解剖，却让读者分明感受到了人性的尊严。本文的特点在于细腻入微的心理描述及对主人公肖像、动作等传神的描写。文笔错落有致，沉着悠然，颇有五四时期现代文学作家们的叙述风格。文章开头先声夺人，言简意赅，中间的叙述层层深化主人公的形象。结尾一句把内心的怅然与自责尽情地抒发出来。

清凉境界

>> 雎　鸠

吃一碗粥，喝一杯茶，细腻而尽心地进入粥与茶的滋味，说起来不难，其实不易。

很多时候，只要朋友聚在一起，就会听到这样的话："我请你喝咖啡去！"这话往往让人无法不想象那份幽雅的情调：几张圆台，几把高背椅，几只花纹精细的杯子，抒情的美国乡村音乐，朦朦胧胧的烛光……我爱喝咖啡，亦喜欢这份情调，也常和三五知已围桌而坐，一壶咖啡相伴。妙语四溢，真是令人难以忘怀！可是我常想，倘若我们坐在一间或许不太幽雅的小屋里，喝的不是咖啡，而是一杯清茶或是一碗白粥呢？

台湾作家林清玄先生说："吃一碗粥，喝一杯茶，细腻而尽心地进入粥与茶的滋味，说起来不难，其实不易。"这句话常常让我感叹又感动。天下有贫而可贵的人，也有富而可羞的人，更有亦贫亦富亦贵亦羞的人。我猜想：有钱的富豪不可能细腻尽心地进入粥与茶的境界，因为他们有钱，可以用钱去制造高贵幽雅的环境；居陋巷而箪食瓢饮的贫汉，亦不可能细腻尽心地进入粥与茶的境界，因为他们无钱亦无品味人生之咸淡之雅趣；那么不富不贫的芸芸众生呢？谁不希望富贵？谁不渴望有钱？终日忙忙碌碌，往往勾心斗角，不能自持，又怎能细腻尽心地进入粥与茶的境界？

每天清早我和许多人一样，提着垃圾袋下楼去。我看到垃圾箱那一包一包的垃圾常常禁不住叹息：这些垃圾来自哪里，难道不是人的一生之中从居室里扔出来的吗？那么，人类心灵居室的垃圾究竟有多少，又该怎样及时地清除呢？

能进入粥与茶的境界的人，我想，乃是清除了心灵的垃圾的人，这种人看破名利，看透生死，这种人心地馨香，举止如行云流水，灵魂中永远有一方清凉的境界。这大抵也就是古人之所谓有德行的君子吧！

赏析

“进入粥与茶的境界”，“说起来不难，其实不易”。富有的人往往会选择“制造高贵幽雅的环境”，贫穷的人则只顾为生存忧心，没有“品味人生的雅趣”，“不富不贫的芸芸众生”则为获取金钱而忙碌。所以，能进入的人极少。

这种人往往能安于淡泊，不为名利而动心视金钱如粪土，看富贵若浮云。他们可以在“不太幽雅的小屋里”品茶品生活，吟诗吟理想，读书读心情。

他们有着天真和坦然，彻底的“清除了心灵的垃圾”，在灵魂中保持着“一方清凉的境界”，所以才会“细腻而尽心地进入粥与茶的滋味”。

朋友，“吃一碗粥，喝一杯茶”吧！

走向自信的五彩门

>> 虞荣舜

成功不是昭然若揭地去赢了某一次，成功是任何时候不放弃追求下去的信念。

请相信自己吧，相信你自己的思想，你内心深处确认的真理。充满自信地迈向自我，用力的构筑，智的凝聚和美的旋律。

天才就在于鄙弃教条，挣脱传统的羁绊，敢于说出自己的而不是别人的思想。伟人决不只限于仰视圣者领空的星辰，而是去拥有自己熔铸的七色太阳梦。他们的优势就在于孩童般的纯真和大胆。

“呼”地吹出长长的一口气，吹熄了17支生日蜡烛，也吹走了惶惑、盲从和自卑，走出迷茫的季节，跨入青春的五彩门，你就是一个自立的公民了，该到了用自己的头脑思考，用自己的声音发表主见的年龄了。

不能老是沉湎于琼瑶的梦幻，三毛的超脱和席慕蓉的清丽，不能老是倾慕高仓健的刚毅，佐罗的侠胆和阿兰德龙的抬头纹。

认识你自己吧，走自己的路，记住世上没有任何人象你。

改革的大潮推出五彩缤纷的思想浪花，开放展现了错综复杂的社会现象，你是自立的公民，应校准人生的罗盘，独立思考。我们不能拒绝在真理的海洋中游泳。

请解开皮夹克的纽扣，挽着自己的线条和色彩，走向迪斯科舞厅的奔放，走向演讲的潇洒，走向岗位竞选的胆识，走向社会大舞台的主角……

胸中有朝阳，人应当自信。

赏析

你已迈入了青春之门，成为“自立的公民”。自此刻起，你要“用

自己的头脑思考”，让“自己的声音”响亮起来，让自己的步履坚定起来。

你要相信自己的能力，“敢于挣脱传统的羁绊”，敢于说出“内心深处承认的真理”。你要按照自己的想法去做事，奏出独特的生活旋律。

市场经济浪潮滚滚，科学技术日新月异。改革开放花开奇异，社会现象错综复杂。你要“校准人生的罗盘”，在生活舞台上展示出真我的风采。记住：别人可以超越你，却不能替代你，生活可以改变你，却不能奴役你。

走向自信的五彩门，飞扬你的青春！

灵魂独舞

>> 大　卫

我知道云卷云舒，浪奔浪涌，对我来说不是诱惑，而仅仅昭示一道风景。

A

每个人的灵魂都是一只布袋！

上苍把它发给我们的时候，它是虚空的，因此也是无法站立的。

后来——

生活这盘石磨把我们的目光碾成了面粉，慢慢地，那个灵魂的布袋就被充实了。

并且直直地站立了起来。

B

有一种东西它是永远不能向别人批发的。

这就是：痛苦——

C

但我们却可以向别人零售幸福，这就犹如喷泉，抛撒出晶莹而又沁凉的水珠。

D

灵魂的布袋只能盛两种货物——

一种是泪水，一种是汗珠。

E

活在世上不容易。每个人都如风铃一样容易鸣响，也容易受伤。

F

现在，许多人“下海”了……

有的捕鱼，有的捉虾。

我却依然把自己邮票一般地贴在生活这个大信封上，将自己的青春邮给不知名的远方。

面对商海，我既没有很好的水性，也不会仰泳、蛙泳、蝶泳……

我知道云卷云舒，浪奔浪涌，对我来说不是诱惑，而仅仅昭示一道风景。

有一句话是这样说的——

别人尽管去吃他的牛排，你尽管去吃自己的糙米和菜蔬。

吃菜蔬的时候，灵魂却在独舞！

赏析

灵魂是“一只布袋”，起初是虚空的，所以才“无法站立”。后来，当泪水和汗珠将它填满时，就“直直地站了起来”。

我们不能向别人批发痛苦，因为它是一个人的；我们可以向别人零售幸福，因为它是大众的。

一个人就是一串风铃，很容易鸣响，也很容易染上灰尘。

别人在搏击海浪，我却固守自我的水域，只将青春的航船驶向远方。他们的生活是一种风景，却不是我心中的永恒。我的灵魂，在独自舞蹈……

妒忌自己

>> 鲁　子

自己的弱点也许正是自己的优点，仔细想想才发觉别人妒忌我们的正是我们自己认为身无长物的弱点。

妒忌别人，这可能是人世间四海皆有的现象，失意者妒忌成功者，而丑者妒忌姣美者，拙嘴者妒忌善谈者……没有一个人敢说自己没有过妒忌。

妒忌是人正常的弱点，可是我们为什么不妒忌自己?

你可能是一位面丑者，是人群中的丑小鸭，你常常妒忌比你漂亮的人，可是你为什么不妒忌自己比他们聪明；你可能是一位家境贫寒平平常常的男人，你常常妒忌那些出入豪华场所一掷千金的款爷，可是你为什么不妒忌自己比他们拥有家伦之乐；你可能是一位普普通通为人妻为人母的女人，买菜洗衣服做饭上班下班，你妒忌潇潇洒洒闯红尘的女强人，可是你为什么不妒忌自己那份与世无争也无那份烦恼的淡泊?

自己的弱点也许正是自己的优点，仔细想想才发觉别人妒忌我们的正是我们自己认为身无长物的弱点。没有一个人能够集所有的优点于一身，也没有一个人集所有弱点于一身，我们每个人身上肯定都隐藏着别人所妒忌的地方，可是你为什么不妒忌自已?

妒忌别人可能会刺激自己上进，也可能令自己沮丧，失去相比的勇气。人看人的眼光总是特别挑剔，尤其是对别人的优点。如果我们把这挑剔的眼光变成欣赏的目光去妒忌自己，你肯定会发现原来自己也有那么多令别人妒忌的地方，你的生活肯定会变得阳光灿烂、心情舒畅，变得洒脱起来。

那么，就请你试一试，对自己眼观鼻、鼻观心地说：“我妒忌自己”。

赏析

我们常常妒忌别人。妒忌别人的美丽，妒忌别人的富有，妒忌别人的聪明……生活因妒忌而黯淡，心情因妒忌而沮丧。

站在别人的角度看自己，我们会发现自己同样具有“让别人妒忌的地方”。也许你有气质，也许你拥有淡泊，也许你生活安定……你自认为是缺点的，往往会成为优点让人妒忌。明白了这些，你完全可以妒忌自己，用欣赏的眼光看自己。这样，你会“变得洒脱起来”。

不过，千万不要只陶醉于自己的影子中。有时候，我们也要贬低自己，羡慕别人，以便保持清醒，努力上进。

雨夜和我的温柔

>> 玫　瑰

这实在是一种美丽的感觉，令我的心软软的。真想伸手去触那雨丝，也想捧几滴在手心，呵护它。

滴滴嗒嗒，轻扣我的窗棂，把我从沉睡中唤醒。

湿漉漉的雨声。是梦吗？我暗问自己，会不会有传说中的情女来临？

我起身到窗前。夜是那么静，门前冗长的小路，好寂寞！唯有这雨声，隔着窗，隐隐约约的滴嗒声，好像倾诉着一段古老的故事，为那悲凉、动人的结局轻轻哭泣……

在这似梦非梦的夜里，我有没有幸，会成为那故事的主角呢？

唉……

小心地，我将窗推开一条缝，早在窗外徘徊的凉意，急匆匆地钻进屋来。我一下清醒了许多，看看周围，却还是我那间小屋。这么说，我不在梦里？

这只是一个平凡的雨夜，百无聊赖。

湿湿的空气，润在面颊上，三分凉意，七分惬意。雨的滴嗒声大了，落在地上，更像落在我的心里面。

莫名的，从心底涌上一丝温柔。

我诧异，因为我从不属于温柔的那一类。

可是，这样的夜，这样的雨，这样的街，这样的一切一切，都让我明白地感到心底有几缕细细的温柔，绕啊绕，怎么挥也挥不去……

这实在是一种美丽的感觉，令我的心软软的。真想伸手去触那雨丝，也想捧几滴在手心，呵护它。

街灯更昏黄了，但还可以清晰地看到灯罩中的雨丝。街仿佛是无限长的，地上的水被灯照得闪亮。

我的心也随着更加柔软起来。一时间，真想包容整个世界，想去爱身边的每一件事物。哪怕只是一只流浪的小猫或是一株寂寞的小草……

如果，我拥有超能力，只用一次就够了，我想保留住，这雨，这灯，这街，以至整个夜晚——一个平凡而美丽的雨夜。

现在到永远，我会铭记住——

雨夜，和我的温柔。

赏析

这是大自然赐予“我”的声音：滴滴嗒嗒……轻扣我冰凉、阴冷的心。是的，“我从不属于温柔的那一类”，“我”浮躁、轻狂，经常容易丢失自己，但今夜，一场细细绵绵的雨，多像“传说中的情女来临”，它在“我”的窗棂着“倾诉着”，它甚至“落在我的心里”，让“我”这块坚硬的石头在一夜之间软化，让“我的心……更加柔软起来”，自然的力量涌动着“我心底”暖暖的激流，“我”又再次找回迷失已久的自己。

雨夜，滴嗒滴嗒……

曲 线

>>华 盛

雄伟的山峦，是曲线：滔滔的大江，是曲线；皎洁澄清的明月，是曲线；波涛汹涌的大海，不也是曲线么？……人类的历史跌宕起伏，有峰巅，也有深谷，可谓一条曲线，一条无形而又无限延展的曲线。

曲线是美的，而美的东西，恰又往往由曲线构成。曲线的美在于自然。

雄伟的山峦，是曲线；滔滔的大江，是曲线；皎洁澄清的明月，是曲线；波涛汹涌的大海，不也是曲线么？……

人类的历史跌宕起伏，有峰巅，也有深谷，可谓一条曲线，一条无形而又无限延展的曲线。帝王将相，从这里经过，凡夫俗子，亦在这里繁衍。“读史使人明智”。人类历史这一曲线，给人启迪，让人清醒。它，犹如一面明镜，可映照出每个人、每个时代的美丑和兴衰。历史的起伏，是自然的，因为从人类茹毛饮血的年代起，历史的道路，就不是涅瓦街上的人行道，而是在荒野中前进，有时穿过尘埃，有时脚踩泥泞，有时横渡沼泽，有时又行经丛林。历史这条曲线，显示了宏伟的美。

人生道路，也是一条曲线，坑坑洼洼，曲曲折折。它上面，既留有得意者的欢欣，也淌过失败者的泪水，既有顺利者的喜悦，又有受挫者的苦恼。在人生道路上，一帆风顺的幸运儿，也许有，但却少得可怜。而且，正由于人生像条曲线，生命才变得充实而有意义。当一个人，走完了自己的坎坷旅程而蓦然回首时，他定会为自己留下的曲折而执著的印迹而欣慰，对大千世界报以满意的一瞥……人生的曲线，鼓人信心，给人希望，激人奋进，展示了人类奋斗的力量和力量的美。

■赏析

这世界假如没有“曲线”，那该是什么样子？

“人生道路”假如没有“曲线”，那又该是什么样子？

“曲线的美在于自然”，它造就了我们生存环境的雄浑和纷繁，它构筑了人类历史的枝枝叶叶脉脉，它使我们的生命“充实而有意义”。

于跌宕起伏中透出“宏伟”，于“曲折而执着的印迹”中透出“喜悦”，这是“力量的美”，是信念的毅力支撑的美。

比花还美的故事

>> 宛　玉

世界啊，今天早晨，我，一个母亲，向你交出她可爱的小男孩，而你们将还我一个怎样的人呢？

花为什么会开？

有一天，幼儿园的老师问她面前的孩子。第一个孩子说：“她睡醒了，她想看看太阳。”第二个孩子说：“她一伸懒腰，就把花骨朵顶开了！”第三个孩子说：“她想和小朋友比比，看谁穿得更漂亮。”

第四个孩子说：“她想看看，小朋友会不会把她摘走？”

第五个孩子说：“她也长耳朵，她想听听小朋友唱歌。”

第六个孩子问老师：“老师，您说呢？”

老师想了想，又想了想，才说：“花特别懂事。她知道小朋友们都喜欢她，就仰起她的小脸，笑了！”老师的回答很有趣，孩子们全看着老师笑了，那笑脸比花更好看。其实，老师原来的答案是：“花开了，是因为春天来了。”是受到孩子们的启发，才有了这个漂亮的答案。

孩子真不简单：孔子说：“三人行，必有我师。”说得真对！老师从此记住了这个比花还美的故事，终身不忘。

我可以做证，因为，我就是故事中的那位老师！

赏析

多么澄明的童心呵，在孩子的眼里，到处是梦幻的天堂，驰骋在想象的空间，每一心的梦园都沾满花露和细软的阳光，童心未泯，童心至纯至美！相比之下，我们是不是缺点儿什么呢？

愿我们都用童心的天空装扮每一个日子。

愿我们保留一份纯真的幻想，去投身于纷纷攘攘的世界！

放飞的风筝

>> 白　杨

我有些欣慰，我如风筝——放飞的风筝，用一根细线把希望和牵挂系在放风筝者的心中。

星期天，和几个朋友到松花江边去放风筝。风很大，是个放风筝的好天——五彩缤纷的风筝布满了天空。

我坐在江堤的石栏上，静静地凝视着那飞舞的风筝，思绪也随之飘扬。

它一定是想飞得更高、更远吧？不然为何狠命地扯着那根细线呢？想出风头？还是向往自由？也许两样都有。但它应该知道——若成了断了线的风筝就总有一天会掉下来。

我有些自嘲——风筝如我，那个总想挣脱长辈的牵扯，获得绝对自由的我。

从别人手中接过线，顿生一种责任感。这真是一种奇怪的感觉，它让我想让风筝在自己的操纵下飞得再高一些，再远一点儿。我不禁想，如果说风筝如我，那此刻我的位置是什么呢？是那些关心我、爱护我、帮助我的人们吗？原来他们就是我的拉线人！

刹时，我诠释了我曾经有过的许多遭遇。是责任感让这些人把线紧紧地握在手里，时而松，时而紧，目的只是让我飞得高远。

这是一种幸福，不是吗？

我有些欣慰，我如风筝——放飞的风筝，用一根细线把希望和牵挂系在放风筝者的心中。

我微笑着望着天空中那些随风翱翔的风筝，不禁衷心地祝福：愿世界上所有的风筝，都能在天空中永远飞得更高，飞得更远……

赏析

这是一篇托物寓义的散文。作者从两个角度描写动情物——风筝。先写看别人放飞的风筝，那形象是“想飞得更高、更远”，“想出风头”，“向往自由”，但为之担心，“若成了断了线的风筝就总有一天会掉下来”的；接着写自己亲手放风筝，那心情却截然不同，“顿生一种责任感”，“它让我想让风筝在自己的操纵下飞得再高一些，再远一点儿”，并以“风筝如我”，“我如风筝”两次点题，构思巧妙，哲理含蓄，发人深省。

闲读梧桐

>> 刘　鑫

我读懂了梧桐的寂寞。不是慨叹韶华流逝的漠然，不是哀怨人潮人海中的孤寂，而是一种禅意，一种宁静和虚空的玄奥。服从自然又抗衡自然，洞悉自然又糊涂自然，任风雕雨蚀，四季轮回，日月如海，花开花落，好一种从容淡泊的大度！

梧桐就在我们住的那幢楼的前面，在花圃和草地的中央，在曲径通幽的那个拐弯口，整日整夜地与我们对视。

它要比别处的其它树大出许多，足有合抱之粗，如一位“伟丈夫”，向空中伸展，又像一矜持的少女，繁茂的叶子如长发，披肩掩面，甚至遮住了整个身躯。我猜想，当初它的身边定然有许多的树苗和它并肩成长，后来，或许因为环境规划需要，被砍伐了；或许就是它本身的素质好，顽强地坚持下来。它从从容容地走过岁月的风雨，高大起来了。闲来临窗读树已成为我生活中的一部分了。

某日，母亲从北方来信：寒潮来了，注意保暖御寒。入夜，便加了一床被子。果然，夜半有呼风啸雨紧叩窗棂。我从酣梦里惊醒，听到那冷雨滴落空阶如原始的打击乐，于是无眠，想起家信，想起母亲说起的家谱，想起外祖父风雨如晦的际遇。外祖父是地方上知名的教育家，一生两袖清风献给桑梓教育事业，放弃了几次外聘高就的机会。然而，在那史无前例的岁月里，他不愿屈从于非人的折磨，在一个冷雨的冬夜，饮恨自尽。我无缘见到他老人家，只是从小舅家读到一张黑色镜框里肃然的面容。我不敢说画师的技艺有多高，只是坚信那双眼睛是传了神。每次站到它跟前，总有一种情思嬗传于我，冥冥之中，与我的心灵默默碰撞。

浮想联翩，伴以风雨大作，了无睡意，就独自披衣临窗。夜如墨染，顷刻间我也融入这浓稠的夜色中了。惊奇地发现，天边竟有几颗寒星眨巴着瞌睡的眼！先前原是错觉，根本就没有下雨，只有风，粗暴狂虐的北风。这时，最让我“心有戚戚”的便是不远处的那株梧桐了。只能依稀看到它黛青色的轮廓，承受着一份天边的苍凉。阵风过处，是叶叶枝枝互相簇拥颤起的呼号，时而像俄罗斯民谣，时而像若有若无的诗歌。不知怎么，外祖父的遗像又蓦然浮上眼帘，似与这株沉默的梧桐有种无法言喻的契合。不求巨臂擎天的闻达，但也有荫庇一方的坦荡。

次日醒来，红日满窗，竟是大晴。

惦念的是那一树黄叶。推开窗棂，读弼的树，竟是一个显山露水的甲骨文字。没有昨日那遮天蔽日的叶子，剩下的是虬树挺干。我的心像是被谁搁上了一块沉重的冰，无法再幻作一只鸟，向那棵树飞去了。这一夜的风呵，就凋零了满树的生命！而风又奈你其何，坠落的终要坠落，无须挽留，你还有一身傲骨与春天之前的整个冬季抗争！

于是，我读懂了梧桐的寂寞。不是慨叹韶华流逝的漠然，不是哀怨人潮人海中的孤寂，而是一种禅意，一种宁静和虚空的玄奥。服从自然又抗衡自然，洞悉自然又糊涂自然，任风雕雨蚀，四季轮回，日月如海，花开花落，好一种从容淡泊的大度！不禁又感慨起外祖父的英年早逝，悲哀起他屈从天命的无奈、悲哀起那个年代里的人们。

又是一阵熟悉的树叶婆娑的沙沙声响，亲切地叩击着耳鼓。俯目望去，一个红衣女孩雀跃在那黄叶覆盖的小径，那模样似乎每一片叶子都在为她青春的步履伴奏。此刻，我的窗台上，扑进一阙蓬松的阳光，洒在案前昨夜未曾合上的一卷旧书上。

■ 赏 析

“闲读梧桐”，闲读生命。

人生与这梧桐之间“有种无法言喻的契合”。于“禅意”、“宁静”、“玄奥”之中挺直自己的“一身傲骨”，“任风雕雨蚀、四季轮回、日月如海、花开花落”，多么“从容淡泊的大度”！——这便是人生的真实写照，这便是生命搏击自然的“坦荡”的胸襟！

是啊，风暴过后必是“大晴”，那个“红衣女孩雀跃”的身影，又在舞动着“青春的步履”……

水之爱

>> 李 琼

我们一起飞上蓝天，化作一朵朵纯洁秀美的白云，将天空擦抹得干净明亮，点缀得淡雅美丽。在拥抱完太阳后，我们又变成雾，调皮地给乡村蒙上一层淡淡的轻柔的面纱，给城市涂上一层薄薄的洁润的粉底。我们也可以变化雪，飘飘洒洒、纷纷扬扬地飞向人间，给大地披上银装，给禾苗盖上白白的棉被，给孩子们天然的玩具。而雨是我们最喜爱也是最常用的形式，大到潇洒的倾盆大雨，小到飘逸的绵绵细雨，都是我们的杰作。

那一刻，我完全呆住了，屏住呼吸，看着那层洁白晶莹的雪是怎样簌簌地相约化作同一滴纯美剔透的水，怎样“叮咚”一声轻滴在我的掌心，冰凉清爽的感觉从心底漫延到全身。我不禁打了个痛快的寒颤，又那么急切执著地盼着下一滴水的来到，仿佛那是我生命的甘露，我是那么地渴求它……呵！请别嘲笑我的痴，我的确是太爱水了，爱它的清纯柔嫩、秀美静谧、明洁无瑕……瞧！我竟找不出一个贴切的词语来形容我的最爱，叫我怎么告诉你呢？

小时候，我喜欢把水当作一个跟我年龄相仿的小姑娘，常爱用手指头去逗她那光滑洁润的脸蛋，她总会给我一个满是酒窝的甜甜的笑。

在炎热的夏天，我就干脆爬进大水缸去跟水儿一起玩耍嬉戏，让她慢慢地浸润我的每一个毛孔，去感受水特有的清凉与温柔。

而在我烦躁不安的时候，水总会让我平静沉稳下来：不耐烦地被妈妈叫去洗衣服，当水刚浸过我手背，一种清凉幽静的感觉就弥漫到了我的整个身心，我的动作立刻舒缓下来，脸上带着微笑，轻哼着快乐的歌曲，快乐无比地开始仔细搓起衣服来，简直完全沉浸于其中了！

我总希望家门口有一条清澈的小溪流过，天天听它唱着欢乐的“哗哗”歌；我把手伸到溪水里，让它痒痒地从指边流过；我天天用溪水洗脸……那份恬静，那份舒心，想一想也是一种美妙的享受啊！

于是，乘着想象的翅膀，我飞进了水的中间，我感到水仿佛穿过我的皮肤，渗入血液和骨骼，流进我的内脏。不，准确地说，是我和水溶在了一起，我穿进她的身体，她包裹我的身体，我们一起轻轻地流，悠悠地荡，我就是水，水就是我，我们同是一种柔嫩清澈的液体，拥有同一个美丽的名字——水。

我们一起飞上蓝天，化作一朵朵纯洁秀美的白云，将天空擦抹得干净明亮，点缀得淡雅美丽。在拥抱完太阳后，我们又变成雾，调皮地给乡村蒙上一层淡淡的轻柔的面纱，给城市涂上一层薄薄的洁润的粉底。我们也可以变化雪，飘飘洒洒、纷纷扬扬地飞向人间，给大地披上银装，给禾苗盖上白白的棉被，给孩子们天然的玩具。而雨是我们最喜爱也是最常用的形式，大到潇洒的倾盆大雨，小到飘逸的绵绵细雨，都是我们的杰作。

我们可以汇入长江黄河，一起奔腾咆哮；也可以流入一条不知名的小溪流，一起欣赏如诗如画的美景。我们可以是梅雨潭那奇异的绿，也可以是漓江那醉人的清澈，甚至是尼罗河甜美的乳汁，是南极孤傲的坚冰；我们也可以在参天大树宽大舒展的绿叶里，在路边鲜花娇艳欲滴的花瓣里；但，我们更愿是沙漠中的清泉，是落往干裂土地的雨滴，是干渴的人们唇边的饮料，甚至是辛劳的农民额上的汗滴……

其实，不管我们在哪里，我都愿和我最爱的水一样，永远只会清纯无瑕，滋润我们周围的一切。

赏析

一滴水，会照亮一个人的心脏。

一滴纯洁无暇的水，她的容貌是那么的晶莹剔透，她的躯体是那么的恬静温柔。她生存于世间的每一个角落，“滋润着周围的一切”，她没有忧愁和烦恼，只有涓涓地流动，轻轻地滴落，柔柔地飘飞……

一滴水，“轻滴在我的掌心”，她“冰凉清爽的感觉”洗涤着“我”浮躁的身体，“那份恬静，那份舒心”，叫你一生一世也难忘记。

一滴水，足以照亮人们的心脏。

我想和你共有千年好梦

>> 潘向黎

我多想和你一起走进这个千年好梦，找一段树根为枕，静静藉草而眠，让泉水在我身畔流淌，松针在我身上堆积。这时，我的心中只有一片安谧、温柔，不知道什么叫忧虑，什么叫复杂。连你我的名字也模糊了，如云如雾如烟如岚，在山间若隐若现地浮动。

岁末，照例有许多贺年片飞来飞去，像候鸟一样。

飞向我的鸟儿，身上披着五彩缤纷的羽毛，还有无数的祝愿；从我手上走飞的鸟儿，却是小小一袭素羽，里面的话也简单，千篇一律，写的是——

明月松间照，清泉石上流。

我的鸟儿太朴素，既不富贵气也不现代派。我让它就这样飞向你，愿你明白这一种真挚。

我想了很久，该在那洁白的羽毛上抹上什么颜色？那么多的朋友，不同的亲疏、不同的期待与理解，我写什么呢？我厌恶那种不分青红皂白的热情的句子，透着虚假、肉麻。我更不想用东洋、西洋的文字把我的鸟儿涂得七彩斑驳，光怪陆离。

面对等候起飞的白色鸟群，我竟微微凝眉沉思了。

仿佛一股清凉的气息拂来，一句遥远的诗句来到我心间。我微笑了，就是它吧。遂向每一袭羽毛抹上这淡远而润泽的墨痕。

我不禁想起你们那一张张熟悉的脸，想起我们在漠漠红尘中平淡或奇特的相遇，怎么交换第一朵微笑、第一瞬凝望，然后在彼此生命的画纸上留下深深浅浅、枯枯润润的痕迹。

明月松间照，清泉石上流。这是我向往的画面，我迷恋的音乐，把它送给你，你会明白吗？

给你，聪明而不安定的女孩。人生不可能有太多的狂喜大悲，在这里找不到的浪漫奇情，在别处、在远方也依然是海市蜃楼。流浪的日子是累人的，而你为此，已投掷了不少黄金韶华。真要把所有的青春千金一掷，作一次豪赌吗？为什么不回到起始的单纯？一切的一切，听其自然，如松间明月朗朗地照，如石上清泉涓涓地流，不好吗？

对你，这句诗是一种宁静、淡泊的人生态度，你喜欢吗？

给你，我朝夕共事的朋友。我们原该相知很深的，但也许太熟悉了，反而无法真正沟通。一株柳树与一株水杉，栽得再近也无法彼此了解。但我们不是草木，我们为什么这样？真想让你明白：我无意于与人竞争什么，也不想在某个光圈中成为聚光点。我只想在自己的围墙之内，让我的心灵自由生长，迎风开出素淡的花。可我不能解释，因为那也许低看了你。

对你，这句诗是一种无须防范、了无芥蒂的默契。你会珍惜吗？

给你，一个特别的男孩。在所有的感情中，你都无法安于一个角色，可大幕落下你又觉得孤寂难耐。你频繁地接近那些赏心悦目的女性，又时时告诫自己：你是不可能真正付出什么的。这种诱惑与抗拒的游戏，你把它当成一杯咖啡，先煮沸，再等它凉，苦的液体，加上糖，然后不冷不热、亦苦亦甜地啜饮。

对你，这句诗是一种单一洁净、不染尘埃的人间情怀。你能领悟吗？

最后，给你，我爱的人。

我把这句话直接寄上，连依托的翅膀都不用了。我想你知道，我多想和你一起走进这个千年好梦，找一段树根为枕，静静藉草而眠，让泉水在我身畔流淌，松针在我身上堆积。这时，我的心中只有一片安谧、温柔，不知道什么叫忧虑，什么叫复杂。连你我的名字也模糊了，如云如雾如烟如岚，在山间若隐若现地浮动。

对你，这句诗是什么？物我两忘、浑然天成的禅吗？仅仅是这样吗？

我只知道，在十丈红尘之上，有这样一个去处，安宁、纯净、隽永，亘古不变。

遂向片片白羽抹上这淡远而润泽的墨痕：明月松间照，清泉石上流。

■ 赏析

一种恬淡而悠远的意境，“如松间明月朗朗地照，如石上清泉涓涓

地流”。

这是心灵的释然与解脱，扳倒自己“孤寂难耐”的身子，打翻自己浮躁虚骄的思想，静静地，“找一段树根为枕”，感悟月明泉吟的自然、柔美，让心灵“淡远而润泽”，让生命真实而幽静……

在这喧嚣的世界，你可否为自己找到一片静谧之地？你可否看到那清泉、明月？

关于照镜子的联想

>> 张玉庭

“当窗理云鬓”“对镜贴花黄”，自然，此时此刻，镜中那个“芙蓉如面柳如眉”的女子，肯定美不胜收！

有个西方的小幽默：

知道如何区分苍蝇的雌雄吗？很简单，在酒瓶上睡着了的是雄的，在镜子上陶醉着的是雌的。

深刻！一下子就点穿了一个现实：女人爱照镜子！

比如，花木兰从军归来，就曾念念不忘“当窗理云鬓”“对镜贴花黄”，自然，此时此刻，镜中那个“芙蓉如面柳如眉”的女子，肯定美不胜收！

还有那首罗马尼亚民歌《照镜子》，居然那么生动地写出了女孩子的心态。歌中唱道：“妈妈她到村里去了，我在家里闷得发慌，墙上镜子请你下来，请你照照我的模样！镜子里头那个姑娘，长得那么活泼漂亮，长长辫子眉毛弯弯，两只眼睛星星一样……”怪不得上中学时每当开晚会，总要有数不清的女孩子不约而同地选唱这首歌！

甚至，“不许照镜子”能够因此成为对女性的惩罚。有个小幽默就这样写道，有个漂亮的女学生，总喜欢在上课时打瞌睡，心理学老师发现这件事，为罚她在一间屋子里写检查，且选了一间绝对没有镜子的小屋，果然，那女生越想照镜子就越是没可能，深感此种痛苦惊心动魄，后来再上心理学时也就特别小心，再也不敢打瞌睡了！

那么，如果只知照镜子而忽略了其他，又会怎样？有首朦胧诗似可作为答案，那诗只有一句：少女心爱的镜子，把少女弄丢了！

果然写得深刻，且至少有三种解释，其一，如果只知照镜子，全然不知青春时节更要学习，那少女就把自己丢了！其二，如果只知对镜欣赏且沾沾自喜，那将与浅薄无异，于是少女就把自己丢了！其三，如果只知照镜子且一个劲地在镜前涂抹，结果超过了合理的度，不美了，俗气了，那么，少女也就把自己丢了！

有人在发际斜插野花，极朴实，却能对着镜子照出满脸的灿烂！有人披金戴银，却偏偏在镜子前长吁短叹，表情凄凉！为什么？因为心境不一样？当然了，要是一个人连镜子也不想照了，就准是碰到了什么极大的不幸，她准是觉得这个世界已不再有希望，万念俱灭！

赏析

真没想到，照镜子也有学问。

这小小的镜子，竟能透析一个人的世界。爱美与慎重，表情与心境——都能显现于镜子的一方天地里。真没想到！

其实，按我的理解，这镜子就是另一个自我，站在镜子前，让自我感知自我，轻轻揭开自我的隐秘或忧伤，然后，再轻轻盖上……

既然镜子是透射心灵的窗口，照一照，倒也有益健康。

■ 痴心石

>> 陈雁南

我并不是要错过，可是，我一直都在这样做。错过那花满枝桠的昨日，又要错过今朝。今朝仍要重复那相同的别离，余生将成陌路，一去千里。在暮霭里向你俯首，请为我珍重。

这次出行最大的遗憾就是：没能将桃花潭边那几块石头带回家。

不敢自诩为“石痴”，但我的确被桃花潭边那一片斑斓的卵石滩迷住了。想象着不知多少年前，当“李白乘舟将欲行”的时候，汪伦是不是也站在这些五彩的石头中间，向他的好友挥手告别？于是我很执著地在潭边低头弯腰寻找了一个下午，企图将当时的心情装进几块奇异的石头中，带回家去。

有一块挺大的，被我命名为“半坡石器”。本来它灰头土脸地夹在一圈彩石中间很不起眼，直到我把它翻过来时才发觉它的绝妙之处：那压在下面的一面是平的，非常光滑，仿佛有人用打磨镜子的方法打磨过它。当然不可能是爱美的半坡姑娘，只是潭水日夜冲刷的缘故。这要用多少年啊！最软的水竟然将坚硬的石头磨得像自己一样润滑，那么比水不知坚强多少倍的人呢？我发现世上的事很奇怪，岁月在人们身上的流逝表现为在光洁的皮肤上刻出深深的皱纹，而在石头身上则表现为将凹凸不平的皱褶抹平。

还有一块赭红色的石头，颜色和质地都很普通，但它独特的形状使它在一色的椭圆形中格外显眼。它是三角形的，标准的等边三角形。每条棱、每个角都被流水、被身边的石头打磨得光滑圆润，但仍始终保持了这个与众不同的外形。十分喜欢它有一个原因，因为它向我展示了作为石头的另一面——既不是棱角尖锐，与周围格格不入；也不是圆滑世故，泯于众人；而是保持着能融入卵石滩的个性。也许是另一种人生……

这些石头被装在一个塑料袋里，曾在那一晚的“篝火晚会”中弄丢过一次。第二天清晨当我去寻找时，发现它们竟然一动不动地躺在石缝里等我。本来以为它们能随我平安地到达南京，可是自从我把它们放在汽车座位后面的台子上后，就再也找不到了。也许是老师打扫车厢时丢掉了吧，这一次竟真的丢了。

到现在还懊悔当时为什么不看好它们。或者异想天开——它们被丢弃之后，辗转流浪，最后又躺在路边等我，最好还是保存在那个塑料袋里……发觉这已经是痴心妄想了。也好，给这几块也许只能留在记忆中的美丽石头起一个名字吧：痴心石。

赏析

一块块普通的石头，何以使人痴迷，那是因为父老探寻出各自独特的性格。如那块赭红色的石头，“既不棱角尖锐，与周围格格不入；也不是圆滑世故，泯于众人；而是保持着能融入卵石滩的个性。”石头本无生命，但作者却从中品味出人生的意义，由此可见作者独具慧眼的观察力和善于进行哲理思考的联想力。

梦 忆

>> 张炼红

人们在梦中追逐未来，登上波岸了，醒来也只能是回忆；陷入泥潭了，醒来也无悔无憾。

常常在日落时，拉了弟弟跑到村口巴望着，等大人们收工回家来。暮色渐渐合拢，远近的树阴村落都模糊了，模糊成一堆一堆深深浅浅的灰影。很久，并不见动静。田野里浮起了一层雾，湿的、重的、阴凉的。忽觉得背上一凛，有一丝痒，便反手去挠。指甲划出了皮肤的沙沙声，心头起一阵哆嗦，好像也被挠着了，挠疼了。喉咙口却一下子堵住了，涩涩地发不出响来。弟弟贴紧在身上，我抱不动他，只搂着他说不怕不怕，有姐姐在呢。阿黄不知何时过来了，呜呜地蹲在脚边，那双眼睛比弟弟的还亮。又过了好久，隐约听见响动，阿黄已经蹿了出去。灰影里走出来了爸爸、妈妈和奶奶，锄头、铁耙、一身泥水。弟弟甩开我的手臂奔上去了，我立在原地，眼泪滚落下来又赶紧抹掉。

黄昏一直令我不安，长大了也是。弥漫在暮色里的，是我永远无法把握的心绪。总想哭，却不敢放出声来。一种摆脱不去的压抑与惶恐。

索性到了夜里，星星月亮出来了，倒也觉得放心。

夜里去乘凉，隔壁的瘸脚阿公会讲鬼的故事。搬一张竹椅横在打谷场的平台上，阿公躺在中间，我们坐扶手，垫脚拉出来又坐上三两个小孩。阿公讲几句，摇一摇大蒲扇，四下里都觉得凉快。讲着讲着，阿公突然打住，两眼直瞪着前方，说看那儿看那儿，稻田里一闪一闪的，鬼火点起来了。我们顿时吓呆了，屏住呼吸不出声。忽听呱呱两声，有只田鸡猛地叫开了。阿公一愣，我们倒惊醒了似的，大呼小叫扭成一团，直闹得竹椅在身下吱吱嘎嘎晃了几晃，终又被阿公喝住了。

半夜过后，寒气上身，家里大人都出来收小鬼了。阿公拍拍蒲扇说走吧走吧，小鬼一散，老鬼也要困觉喽……

其实阿公讲了那么多鬼的故事，没有一个真正吓人的。吓人的倒是听故事的那种气氛。后来听得久了，连那种气氛也慢慢习惯，就只留下欢喜与依恋的成分了。到这时候，鬼真的没什么可怕了，甚而因了想象中鬼的清瘦苍白，虚浮无力，心底便生出一点儿同情与怜惜。再加上人们都说，鬼呢，信则有，不信则无，反让我觉得自己心中的鬼便只随着自己想了，外人任你是谁都带不去改不了的，那样的鬼岂不格外亲切？

原来，我那时便固执地想要真正属于自己的东西了。一旦拥有则百般珍视，惟恐又被人拿了去，而谁又能拿走我心里头的东西呢？

赏析

文章的成功之处，在于作者对周围生活细致的观察和敏锐的判断能力。

生活是美好的，尽管作者有“一种摆脱不去的压抑和痛苦”，但他却始终“固执地想要真正属于自己的东西”，可见，作者的心境是多么真实和高远？

“心中的鬼”应该是“格外亲切”的，这“鬼”是什么呢？——是作者对社会对生活独立的思维能力和认知能力。

触摸幸福

>> 顾　颖

为什么那么重要的春节偏要选在冻手冻脚的冬天，把它放在真正的春天该多好。可回家的那一刻，却让我在心中对冬、对冬日里那个洋溢着浓浓亲情的节日迸发出一种无边无际的谢意。因为它不仅充当了一个提醒幸福的角色，更让人在一步步走过寒冷之后，有了一份对春天的企盼，对幸福的珍惜。

曾经不喜欢冷冷的冬。但是，从几年前那个偶然的冬日起，我却蓦然感受到来自冬天的煦暖的气息。

那天是独自到南国求学后第一次回家的日子，春节正近。火车站已是华灯初上，尚未走出站口，直逼肌骨的寒意毫不留情地袭击了我。从未离家这么久，半年来只能在电话里听到双亲的声音，在信笺的字里行间感受他们的爱意。而此刻，面列家的方向，重重的行李仿佛早已失去了分量；迎面而来的西北风，只会催促我归家的脚步。行色匆匆地不停与人擦肩而过，想到他们南北东西地不知要去往何方，有家在等我的了然，竟意外地让我生出一丝窃窃的得意。

已经能看见自家窗口那一片柔和的灯光了。没想到一年年地过去，在无数的生命体验中，惟有久别后望见家的影子的那一刻，最令我不能释怀。

其实，流水般的日子里，很多幸福的东西常被我们在不经意间忽略了，只有拉开了距离，才发现它竟如此的动人！记得儿时曾天真地问父母：为什么那么重要的春节偏要选在冻手冻脚的冬天，把它放在真正的春天该多好。可回家的那一刻，却让我在心中对冬、对冬日里那个洋溢着浓浓亲情的节日迸发出一种无边无际的谢意。因为它不仅充当了一个提醒幸福的角色，更让人在一步步走过寒冷之后，有了一份对春天的企盼，对幸福的珍惜。

原来，我们在爆竹声声中所祈祷的那个叫做“幸福”的东西，就源于每个人最本心的感动与满足。只是不知不觉中，我们失去的，恰恰是最想得到的。

赏析

作者对幸福的独到见解，精美而富于哲理。

有多少幸福就分布在我们的周围，只是我们置身于幸福之中，却缺乏了自我“最本心的感动与满足”，于温暖之中体验幸福，很容易使你不经意忽略了幸福的存在。相反，于“寒冷”中感知春天的温度，于逆境中找寻成功的足迹，那才是真正意义上的“生命体验”啊！

今天，你是否正迎着刺骨的西北风，站在春天的边缘，一遍又一遍地“触摸幸福”呢？

菜篮子

>> 谢　晖

推开新年的窗子，我们去看岁月的容颜。推开新年的窗子，我们感受又一个春天。

“民以食为天”，中国老百姓最常说的一句话。不过，今天我要讲的可不是餐桌文化，而是菜篮子的“三代演义”。

首先登场的是我的外婆，时间是70年代，当时的背景没说的，就一个字：穷。外婆手中是一个竹编的菜篮。那个灰不溜秋且千疮百孔的破菜篮，是带着全家人沉沉的希望“出征”的。到了菜市场，已是人声鼎沸。外婆抬头看看天边依稀可见的几颗星，感叹道：“唉，又来迟了。”随即就加入了抢购大军。一番激战，外婆踏上了归途。手中大大的菜篮和其中少少的青菜，是那么不协调。菜是轻的，但菜篮子却像背负了重重的担子一样，无精打采。

每当外婆讲起这些，都要深情地望望她的老伙计。如今，菜篮子已经退休了，就挂在外婆房间的墙壁上。看到那上面一个个洞眼，我就想：那是在一次次高兴而来失望而归中逐渐磨破的呢，还是被外婆一声声的叹息压破的呢？

当妈妈拿起菜篮子的时候，已是80年代了。菜篮子是塑料的，和外婆的一样大。记忆中我是条小尾巴，一看到妈妈拿起菜篮子，就飞快地跑过来，跟在后面。我可不是去凑热闹，而是去帮忙。一个不大的菜市场，转一圈却要很长时间。选菜，讨价，付钱。再出来时，菜篮子满满的。我真担心它坚持不到家就会撑破，所以每次帮妈妈提起菜篮子时，就小心地用手托着底部，菜篮子虽受到重压，但看上去还是蛮精神的。

如今，它也退休了。在一次买菜时，它终于四分五裂了。西红柿，黄瓜，鱼，肉掉了一地。但看那裂口，却像一张笑开花的嘴。

光阴似箭，转眼我已长大了。拿起那个金属制的银光闪闪的小菜篮，昂首挺胸，进了菜市场。今天的菜市场可非往日模样，规模扩大了，品种更齐全。奇怪的是我转了一圈又一圈，总不如意。这也难怪，生活水平提高了，嘴也难管理了。正如旁边买菜的老太太所说："饿着时就想吃饱，吃饱了还要吃好。"幸亏，我有先见之明，买了一个小菜篮，否则，再提着一个庞然大物，可就要闹笑话了。走出菜市场，90年代明媚的阳光照在每个人的脸上，暖洋洋的。

回首往事，外婆的破篮子是空的，妈妈的旧篮子是满的，我的新篮子是精的，不由感慨，以后，我们手中会是什么样的菜篮子呢？

赏 析

作者通过描写菜篮子的"三代演义"，勾勒出社会生活的巨大变迁，这小小的菜篮子，背负着"奶奶"的沉重、"妈妈"的拮据和"我"的挑剔，这是一个时代的缩影。作者对不同时期的社会面貌把握得如此细致、慎密，叫人啧舌惊叹之余，也深深体味到幸福生活来之不易，发人自醒，催人奋进。

看来，作者构筑的"菜篮子工程"，"规模"还不小哩！

台历上有座长城

>> 廖努力

长城道上，铭刻了多少年来多少辈跋涉者的艰辛与梦想。面对龙的传人正以“数风流人物还看今朝”的英雄豪迈传递着古老民族那熊熊的火炬，点燃新的时代。长城笑了，长城流泪了。笑声中，泪水中，是那欣慰，是那骄傲，是那自豪。

我坐在台历前，看见台历上有座长城。

蜿蜒连绵的是不屈的烽火，青砖条石上点燃的是五代十国的狼烟。

唯从台历上，读你的古朴，你的疮痍，你的永恒。

万里长城今安在，不见当年秦始皇。

当年，孟姜女的泪滋润了满山遍野的杜鹃。今日，鸟语花香里，埋葬的是昔日万喜良的苦涩。

岁月被历史揉成一片褶皱。群山起伏里，当年几何？今夕几何？只剩了这长城，伴着大漠风尘，在“羌笛何须怨杨柳”里诉说着几千年的神圣与悲壮。

现代文明的风吹散了古战场的喧嚣和刀光剑影、人嘶马啼，古老的城墙寄语苍穹：“匈奴骠悍否？蒙古娇纵否？”但看指处，无边无际的辽阔蓝天，白云陪伴着一轮亘古不熄的太阳，赤诚地照耀着一个古老民族。

它以夸父逐日般的虔诚与执着奋力推动历史前进的车轮。

长城道上，铭刻了多少年来多少辈跋涉者的艰辛与梦想。面对龙的传人正以“数风流人物还看今朝”的英雄豪迈传递着古老民族那熊熊的火炬，点燃新的时代。长城笑了，长城流泪了。笑声中，泪水中，是那欣慰，是那骄傲，是那自豪。

看长城，我看见了历史，感受到中华民族坚忍不拔执著追求的脉搏。我将大笑，我将歌唱。

台历上，有座长城。

■赏析

“看长城，我看见了历史”，长城就是一个中华民族历史的见证。它点燃过远古内战的烽烟，也记载过一个民女和暴君的故事，更见证过外强侵略中国的罪行，但今天，它欣慰，它骄傲，它自豪，因为今天它见证了祖国的强大、繁荣，作者随历史的发展，层层推进，直至篇末点题，水到渠成。

路

>> 舒　薇

当你走在路途中时，不要为路旁的小野花而有所眷念，停下了脚步；不要为道路的崎岖而灰心气馁，勇敢地走下去，路必将带领你到另一个新的境界去。

由繁华的都市到远离尘嚣的乡间，路像是无数交错的血管，联系了各个不同的部门。由小而大，由短窄到宽大，它将社会百态反映出来。

望着那无数蜿蜒的小路，那是人们流着汗水走出来的；放眼眺去，那宽广而绵长的大道，那是人们造出来的。这些都是伟大的无名英雄所开辟的，他们披荆斩棘为人们牺牲的精神，着实令人钦佩！

路，是无声语言与文字，它将思想，文化及潮流互相地沟通，将友谊，祝福与情感互相交流着。凭着它，我们的生活圈子扩大了，眼光也可以放得远了。

当我们飞越过千重山，跋涉过万里路时，再回想曾经经历过的那些点点滴滴，仿佛是嗜尽了人生中的酸甜苦辣的各种滋味，如今才体验出“闯”路实在困难极了。

朋友，当你走在路途中时，不要为路旁的小野花而有所眷念，停下了脚步；不要为道路的崎岖而灰心气馁，勇敢地走下去，路必将带领你到另一个新的境界去。

赏析

自然界中，本没有路，走的人多了，便成了路。而自然之路是千奇百态，曲折坎坷的。在走出自然之路时，我们的先人不知付出了多少汗水，甚至生命。在我人类生活中，也同样需要开辟条条道路，同样，也需付出汗水和心血。这就叫“开拓、进取”精神吧！社会还在不断前进，征途上说不准还有多少沟沟坎坎，我们每个人都准备着付出吧！因为付出的越多，脚下的路也就越直越平。

散文需要联想。作者先写了自然之路，后联想到生活之路。这样的立意是很深的。但是，如何将这两条截然不同的“路”天衣无缝地衔接在一起，却是一个难题。作者巧妙地将衔接点集中在一句话上：“仿佛是嗜尽了人生中的酸甜苦辣的各种滋味……”。自然贴切，这样细心的构思，值得我们学习。

昙的联想

>> 蒹 葭

人的一生，由出生到逐渐地成长成人，不就如昙花最初的成长过程一般，是一点一滴累积而成的吗？一生中的巅峰时间，不也是昙花盛开时刹那间的表现？而这些成果的得来，无可否认必须靠个人不断地努力，不断地挣扎。由种种的打击及挫折中培育自身强壮的生命力，才能有昙花怒放般盛大的成果。虽然昙花开放的时间是如此短暂，但就在那一刻，不正是其全力以赴展示她的光彩，发挥其最大价值的一刻？

院子里，靠着屋墙种了一棵昙花。随着时间的推进，昙花已蔓延到我的窗前了。夜里读书的时候，偶一抬头，就看见它绿意盎然地散发着一股强烈的生命力，似乎不断地向生命挑战，立意挣扎生长。那恣意横生的枝干，那不断冒出的新芽，那茂密的叶子，正是生长过程中一点一滴地努力累积而成的。

一夜，正沉迷于书中，忽然一股淡淡的清香自窗外飘来。抬头一望，发现早上躲在枝桠间的花苞，正慢慢地绽放她的花身，一瓣瓣，缓缓地向外伸开，最后，终于成为一硕大的花朵。那雅洁的颜色，那诱人的香气，那迷人的花瓣，令人叹为观止。然而，第二天清早起来，却发现昨夜的昙花已逐渐地凋谢枯萎了。

如今，窗前的昙花仍是一丛翠绿，只是少了花的陪衬。可是，昙花盛开的刹那，迄今仍深留在我的脑海里。回想她由弱小的苗芽到茁壮成长，由含苞待放到完全地展放华姿而后凋谢，不就是人生的写照吗？

想想看，人的一生，由出生到逐渐地成长成人，不就如昙花最初的成长过程一般，是一点一滴累积而成的吗？一生中的巅峰时间，不也是昙花盛开时刹那间的表现？而这些成果的得来，无可否认必须靠个人不断地努力，不断地挣扎。由种种的打击及挫折中培育自身强壮的生命力，才能有昙花怒放般盛大的成果。虽然昙花开放的时间是如此短暂，但就在那一刻，不正是其全力以赴展示她的光彩，发挥其最大价值的一刻？更何况，花谢了，有再开的时候，凋萎只不过是成长中的一个片断，如同生命中有登峰造极的一刻，同样亦有低落失意之际，何不以昙花般的精神，欣然接纳受创的打击，拾取失败的经验，并以此充实训练自己，再创一次奇迹呢？

所以，若想要有昙花辉煌难忘的时刻，就必须付出代价——任劳任怨，吃各种苦，接受各种考验，不怕任何的打击与挫折。抓住自己的巅峰时期，尽量将自己的才能施展出来，那么昙花一现的一刻，正是你学业上、事业上各方面最成功的一刻。

■赏析

观昙花和观人生。“由出生到逐渐地成长成人，一点一滴”累积自我的“翠绿”，在命运之中搏击，于坎坷之中奋起，用满身的“翠绿”包围爱情，用“淡淡的情香”蓬勃生机，释放出生命底层的亮光，把一切的“低落失意”通通打倒！

尽管辉煌相当短暂，但我们毕竟辉煌过，即便无法展示花的魅力，但我们毕竟翠绿过……

青春经典

我们的未来不是梦

>> 宋　勇

站在通向未来的十字路口上，走老路，那里没有未来的召唤；走别人的路，那里必定有“误区”；期待有路，理想永远不会起步。路由探索者的足迹铺就，路在奋斗者的脚下延伸。花环永远青睐拓路的人。

梦中可能有未来，可是却稍纵即逝，人们在梦中追逐未来，登上彼岸了，醒来也只能是回忆；陷入泥潭了，醒来也无悔无憾。

我们的未来不是梦，因为现实必定通向未来。而我们那个未来，是理想的现实，是规律的呈现，是科学的构筑，是人类的共同憧憬……

也有的未来会是梦。因为那些走向未来者不是站在现实的土地上，不是按着规律所铺设的轨道走，而是在“此路不通”的梦区内踽行。

要使我们的未来不是梦，就必须科学地设计未来。“乌托邦”虽然令人迷幻，但那是梦中的未来。只有国情与真理的结合，理想与现实的统一，终极目标与阶段目标的衔接，共同追求与个人追求的相融，才能把人们聚集在奔向未来的旗帜下。

站在通向未来的十字路口上，走老路，那里没有未来的召唤；走别人的路，那里必定有“误区”；期待有路，理想永远不会起步。路由探索者的足迹铺就，路在奋斗者的脚下延伸。花环永远青睐拓路的人。

理想是世界的主宰。没有理想的鼓舞，就会无法摆脱空虚和渺小。浑浑噩噩者，只能醉死梦生；朝三暮四者，只能徘徊不前；遇阻顿足者，只有葬送前程。扬起理想的风帆吧，她会告诉你——

我们的未来不是梦！

赏析

我们的未来不是梦，因为它是科学的预测，是合理的推想，是理智的憧憬……

我们的未来不是梦，因为，我们有坚实的信念，不懈的努力，坚定的开拓……

站在岔路中，哪一条路才通向辉煌的明天？洒下探索的汗水，路会闪光；洒上刚强的血滴，路会伸展。未来的旗帜高高飘扬，是我们前进的方向。

有了理想的风帆，有了拼搏的航船，我们将驶入永远的灿烂。

不一样的自由

>> 刘墉

他举的例子谬误百出，他的用语粗糙而低级，可是我站在榕树荫里，耐心地听他说完，欣赏他有勇气主张与大众不同的意见。

她那个打扮实在古怪，而且难看。头发狠狠地束在左耳边，翘起来那么短短的一把，脸蛋儿又肥，看起来就像个横摆着的白萝卜。腿很短，偏又穿松松肥肥的裤子，上衣再长长地罩下来，盖过膝盖，矮矮的人好像撑在面粉袋里作活动广告。她昂着头、甩着头发，春风得意地自我面前走过。

她实在难看，但我微笑地看她走过了，欣赏她有勇气穿跟别人不太一样的衣服。

这个学生站起来，大声说他不同意我的看法。他举了一个例子，一个逻辑完全错误的例子。比手划脚地把话说完，坐下。全班静静的，斜眼看着他，觉得他很猖狂，爱自我炫耀，极不稳重。

他的论点非常偏颇，但我微笑地听他说话，欣赏他有勇气说别人不敢说的话。

朋友发了两百张喜帖，下星期就要结婚了。可是又发觉这实在不是个理想的结合——两百个客人怎么办？他硬生生地取消了婚宴。

他的决定实在下得太晚了一点，但我微笑地撕掉那张喜帖，欣赏他有勇气做一般人不敢做的事，上了车，还有下车的勇气。

简陋的讲台上，披着红条子的候选人讲得声嘶力竭。穿制服的警察、着便衣的监选员，紧张地站在群众堆里。候选人口沫横飞地，把平常报纸绝对不会刊登的言论大声大嚷地说出来。

他举的例子谬误百出，他的用语粗糙而低级，可是我站在榕树荫里，耐心地听他说完，欣赏他有勇气主张与大众不同的意见。

那个萝卜头也许很幼稚，只是为了与别人不同而不同。我的学生也许很肤浅，站起来说话只是为了出风头。取消婚宴的朋友或许有朝三暮四的个性，极不可靠。使警察紧张的候选人或许知识和格调都很低，对民主的真义只有很浅薄的了解。

可是，我想，他们有与我不一样的自由，也有与你不一样的自由。

赏析

人活着就是一种造化，上帝既然付予你一次生存的权利，你何不珍惜呢？何苦把别人当成参照物，人云亦云，束缚自己的手脚，远离自己那种自由而又浪漫的天地呢？

你就是你！拿出自己做人的勇气，该说就说，该做就做，只要问心无愧，管它什么凄风暴雨，管它什么冷嘲热讽！你就是你！

活在世上真不容易，你可千万不能轻言放弃！

不让青春流失

>> 李作明

不让青春流失，我们才有饱满的收获，哪怕曾有难捱的干旱或风雨；不让青春流失，我们生命的原野才能充满新绿，哪怕经历过霜雪的摧残。

当又一个秋天的收获带有秕谷，当又一次失败使青春的绿地多一片荒芜，当又一回沮丧和失意占据年轻的心……我竟未曾想过，这是宝贵的青春在流失。

青春流失，也许是年轻最可怕的慢性病，它无法让人明显知觉，却在无声无息中丧失你开拓的信念；它像一例顽症，在侵蚀青春肌体的腐变中消磨你的锐气。它没有任何警示的招牌，没有一份可供你警醒的病历卡，可却让你的青春渐渐褪色、枯黄……

时光的流失是不可抗拒的必然，而青春的流失则是无可置疑的过错——那么，我们怎么有理由不去阻止这种可怕的流失，怎么有理由不去抑制这种比丧失时光更可怕的丧失?！如果我们真的珍惜这仅有的一生时光，珍惜这仅有的一次生命以及这仅有的一段青春，如果我们真的认识到只有靠不懈的信心和勇气，才能完成这种珍惜价值的获得那么，让我们在自己青春跑道的站牌上刷新这样的一行字：不让青春流失！

不让青春流失，我们才有饱满的收获，哪怕曾有难捱的干旱或风雨；不让青春流失，我们生命的原野才能充满新绿，哪怕经历过霜雪的摧残；不让青春流失，将来我们才有理由说一句：青春无悔！

赏 析

花样年华中我们总会不经意的让青春流失：为一次失败而一蹶不振，因一件小事而耿耿于怀……青春的花，在沮丧中凋谢；青春的叶，在失意中枯黄。再回首，已然找不到青春的身影。

青春是一段短暂而美丽的时光，是人生最闪亮的那一部分。它是播种的季节，绝对不可以懒怠。否则，你将一无所获。它的流失，远比时光的流失可怕。

珍惜青春，我们会在风雨中写意成高傲的苍鹰；珍惜青春，我们的生命将充满阳光；珍惜青春，我们的人生才会留下无悔的一笔。

微笑着，去唱生活的歌谣

>> 马 德

清贫，是一首朴素的歌；平凡，是一行亮丽的诗。微笑着，我们去唱去吟，在平静中看红尘飞舞，在孤寂中品世事沉浮。微笑着，去唱生活的歌谣。把尘封的心胸敞开，让狭隘自私淡去；把自由的心灵放飞，让豁达宽容回归。

微笑着，去唱生活的歌谣。不要抱怨生活给予了太多的磨难，不必抱怨生命中有太多的曲折。大海如果失去了巨浪的翻滚，就会失去雄浑，沙漠如果失去了飞沙的狂舞，就会失去壮观，人生如果仅去求得两点一线的一帆风顺，生命也就失去了存在的魅力。

微笑着，去唱生活的歌谣。把每一次的失败都归结为一次尝试，不去自卑；把每一次的成功都想象成一种幸运，不去自傲。就这样，微笑着，弹奏从容的弦乐，去面对挫折，去接受幸福，去品味孤独，去沐浴忧伤。

微笑着，去唱生活的歌谣。去把“人”字写直写大，活出一种尊严，活出一种力量，不向金钱献媚，不向权势卑躬。清贫，是一首朴素的歌；平凡，是一行亮丽的诗。微笑着，我们去唱去吟，在平静中看红尘飞舞，在孤寂中品世事沉浮。

微笑着，去唱生活的歌谣。把尘封的心胸敞开，让狭隘自私淡去；把自由的心灵放飞，让豁达宽容回归。这样，一个豁然开朗的世界就会在你的眼前层层叠叠打开：蓝天，白云，小桥，流水……潇洒快活地一路过去，鲜花的芳香就会在你的鼻翼醉人地萦绕，华丽的彩蝶就会在你身边曼妙地起舞。

微笑着，去唱生活的歌谣。眼泪，要为别人的悲伤而流；仁慈，要为善良的心灵而发；同情，给予穷人的贫苦；关怀，温暖鳏寡孤独的凄凉。微笑的我们，要用微笑的力量，去关照周围，去感化周围，去影响周围，直至每一个人的脸上都挂起一片不落的灿烂。

是的，就这样，我们微笑着面对生活带给我们的一切。

赏析

“微笑着，去唱生活的歌谣。”挫折和磨难只是它的一个音符，不足以影响全曲的美妙，而且增添了真实的情调。

唱错了，别自卑，因为那是尝试；唱好了，别骄傲，因为那是幸运。生活的弦乐，理当从容地弹拨；生活的玄奥，应当深刻地明了。

“微笑着，去唱生活的歌谣。”清贫与平凡并没有什么不好，深层的美丽更加重要，尊严和力量是歌谣中闪光的词藻。

泪水为悲伤的人们而流，伤痛因凄惨的故事而生。更多的时候，我们“微笑着，去唱生活的歌谣。”让笑容启开待放的花朵，让声音催开他人的微笑。

“微笑着，去唱生活的歌谣”。生活会因你的态度而美好。

走出去，前面有片天

>> 张振学

外面的世界很精彩，外面的世界很奇幻，外面的世界很博大，外面的世界很浪漫。走出去，前面有片天！那里风也清爽，花也烂漫，空气也新鲜。

走出去，前面有片天！风也清爽，花也烂漫，空气也新鲜。

但是，你可能要说：“现在还没有时间，没有条件，没有足够的钱。”

何必这样苟全和悲观，其实今天就是时间，执著就是条件，年青就是金钱。

也许，你眼下正沉浸于家庭的安逸与劳烦，炉灶，电视，洗衣机，每天都在温柔着你对亲人的眷恋。

也许，你眼下正沉浸于校园的喧嚣与恬淡，黑板，讲台，笔记本，每天都在映射着你对理想的视线。

也许，你眼下正沉浸于单位的繁累与清闲，领导，同事，办公桌，每天都在躁动着你对成功的渴盼。

不错，你也有过希望，有过快乐，有过慰藉，有过坦然。

当然，你也有过失望，有过痛梦，有过困惑，有过忧烦。

如此日复一日，年复一年，你的观念可能被尘封，你的思维可能被板结，你的见识可能被局限……

然而，你还知道么——

外面的世界很精彩，

外面的世界很奇幻，

外面的世界很博大，

外面的世界很浪漫。

走出去，前面有片天！

那里风也清爽，花也烂漫，空气也新鲜。

想远山茫茫，看近水涓涓；知宇宙之大，悟人际之繁。每次举步风景幽深处，你都会有新的惊叹——

现实世界气象万千！

人生旅途别有洞天！

有那么多、那么多陌生的微笑，有那么多、那么多新奇的景观，还有白云与苍狗，还有沧海与桑田……

问你何必安常处顺？问你何须老守田园？走出去展示自己，推销自己，洒脱自己，开放自已，实现自己，壮丽自己，这是时代对每个人最热烈的呼唤！

走出去，前面有更多的机遇，更多的挑战。任你拓宽视野，再鼓风帆；凭你振翅高飞，笑傲蓝天！

喔，走出去，前面有片天！

赏析

走出“家庭的安逸与劳烦”，走向外面精彩的世界。你会见到白云悠然，花朵鲜艳，它们是否可以拨动你的心弦？

走出“校园的喧嚣与恬淡”，走向奇幻的外部空间，看世事之沉浮，悟人间之冷暖，留住那一份对理想的企盼。

走出“单位的繁累与清闲”，走向外界的博大与浪漫，暂时抛却对成功的迷恋，给灵魂以飞翔的时间。

走出去，走出狭隘的自我空间，回应时代热切的呼唤。去面对更多的机遇与挑战，扬起前进的风帆，投入那一片崭新的蔚蓝！

“走出去，前面有片天。”

男人没有偶像

>> 王重旭

抛开你的偶像吧，它如同横亘在你面前的一座大墙，使你驻足，不敢逾越。崇拜自己，并不意味着你便是伟人，便是天才。别人并非渺小，只是我们自己太高傲。”大江东去，浪淘尽千古风流人物”。

并非你是男人你便是男子汉，并非你傲视一切你便是男子汉，并非你找到了模仿的偶像便成为男子汉。真正的男子汉，既不崇拜别人，也不崇拜自己。

崇拜别人，就会成为偶像的影子，照别人说的去做，照别人做的去说。到头来，一事无成。不要怀疑自己的创造力，世界没有主宰，而要靠无数只手去创造，这无数只手也有你的手。伟人之所以伟大，是因为我们跪着。抛开你的偶像吧，它如同横亘在你面前的一座大墙，使你驻足，不敢逾越。崇拜自己，并不意味着你便是伟人，便是天才。别人并非渺小，只是我们自己太高傲。“大江东去，浪淘尽千古风流人物”。而地球照样旋转，人类照样进步，历史照样发展。不要只相信自己，人外有人，天外有天，世界才如此多彩。让每个人都尽情地释放他的能量吧，倘若非要群星隐去，那么天空就会只剩下一个孤零零的太阳。

是的，真正的男子汉既不是谁的主人，也不是谁的奴隶。崇拜别人，就会丧失自己；崇拜自己，就会只剩下一个孤零零的你。朋友啊，在人生的路上，你就是你，一个实实在在的你，一个完完整整的你，一个普普通通的你。

创造世界吧，你有这个能力！

赏析

男人没有偶像。他“既不崇拜别人，也不崇拜自己。”崇拜别人，就会活在别人的阴影里，失去自我的价值，失去创造世界的能力。崇拜自己，就会如同一只骄傲的公鸡，认为自己很了不起，却做不出惊天动地的事。

男人没有偶像，他会欣赏别人，但绝不贬低自己，重复他人的足迹；他会相信自己，但绝不自以为是，而且能够理智地把握自己。他是普通的，但是没有人可以将他代替！

这样的男人，才是“真正的男子汉”。

因为你是男人

>> 崔晓柏

因为你是男人，所以，对女儿你应是一棵结满故事的大树，对妻子你应是一片金色的沙滩，对父母更该是一座物产丰富的大山。

当母亲带着疲惫的微笑将你捧给世界，你已经是一座高山，是一片大海了。性别交给你一副重担，指给你一条路，对你说：走吧，你这男子汉！于是你便要长一副铮铮铁骨，把脚下坚实的土地踏得咯咯作响，去完成你的使命、你的光荣、你的答卷。

当洪水涌来的时候，你要退在最后；当大火燃烧的时候，你却要扑到前边。因为你是男人，你就应该有一副侠肝义胆！

当朋友成功的时候，你要大碗喝酒；与女友分手时，要真诚地说声抱歉。因为你是男人，你应该如此气壮心宽。

因为你是男人，所以，对女儿你应是一棵结满故事的大树，对妻子你应是一片金色的沙滩，对父母更该是一座物产丰富的大山。

因为你是男人，一生就要有所成就。不懒惰，不侥幸，不虚荣，不欺骗，不流泪，不妒嫉，不后悔，不自卑，不献媚，不投机，不唯利是图，不抱怨，男人就应该堂堂正正、磊磊落落，风度翩翩。

做个好男人也是一项事业啊。一个民族仅有女人的光荣是不够的，阴盛阳衰对每个男人来说都应该觉得形秽自惭。

也许你很矮，但好男人博大的胸怀才会使你顶天立地；也许你很弱，但好男人坚定的意志品格将赋予你侠义铁肩；也许你恶疾缠身，但好男人的字典里根本没有伤残。

男人，光荣的性别。这光荣的全部内涵就在于去承担责任和义务做出牺牲和奉献。做个好男人吧！你别无选择，因为你已经是个男人了。

赏析

男人，这两个字写出来方方正正，站起来顶天立地。它的含义是侠肝义胆英勇无畏，它的注解可以是大海高山。

男人可以不伟岸，但要有博大的胸怀；男人可以不富有，但要有坚定的意志。你是男人，你肩负着养家糊口的大任，要给妻儿一个安定的家，要让父母生活美满。你是男人，你必须“有所成就”，再坎坷的路也要走，再困难的事也要做。

因为“男人，是光荣的性别。”所以，“做个好男人也是一项事业。”你不能有其他的选择。你要“去承担责任和义务做出牺牲和贡献”。

拥有绿色的心

>> 赵咏鸿

"不行春风，难得春雨"，生命之绿需要的是德行的沐浴、坚韧的浇灌，挚爱的孕育！

如果说生命只是一次不能重复的花季，那博动的心便是一朵永不凋零的春花。

早春二月，乍暖还寒的时候，鹅黄隐约，新绿悄绽，昭示着生命的勃勃，那是旭日般的青春；阳春三月，杏花春雨时节，桃红柳绿，柔风拂雨，飘扬着自然的伟力，那是如火的中年；晚春四月，芳菲渐尽之际，远山幽径，柳暗花明，辉煌着黄昏的执著，这是晚晴的暮年……

夏、秋、冬只属于肉体，心灵之树是常青的。

"不行春风，难得春雨"，生命之绿需要的是德行的沐浴、坚韧的浇灌，挚爱的孕育！

心的本色该是如此。成，郎月照花，深潭微澜，不论顺逆，不论成败的超然，是扬鞭策马，登高临远的驿站；败，仍滴水穿石，汇流入海，有穷且益坚，不坠青云的傲岸，有"将相本无种，男儿当自强"的倔强；荣，江山依旧，风采犹然，恰沧海巫山，熟视岁月如流，浮华万千，不屑过眼烟云；辱，胯下韩信，雪底苍松，宛若羽化之仙，知暂退一步，海阔天空，不肯因噎废食……

赏析

德是高的，心是诚的，爱是纯的，心便会永远是绿色的。

季节的斑斓和诱人，来自自然的造化；芸芸之生的春景，源之于创造。诗人有云：没有比行动更美好的言语，没有比足更遥远的路途……

一生的春色，需要一生的装点。

拥有绿色的心，便会拥有一切。

情到深处

>> 栖　云

真正的表演是无观众，真正的创作是无读者，真正的境界是无人之境。

其实，落叶就是一场舞剧呀！最热烈浓艳的舞衣，最忘乎所以的旋转，翩跃匝地时最动情的吟唱，你都倾听到了吗，在深邃的丛林深处？

我想，这就叫境界，叫沉迷陶醉吧！

全然不顾周遭的风声雨声啁啾声，全然不顾寒风已至，霜雪将至，荒芜剥夺一切的残酷结局，摒弃所有的干扰和纷繁，沉浸在短暂而辉煌的演出中。那些悲壮的身影，那些曼妙的舞步，淘洗过许多岁月之后，依然染红我的心尖。当我撩开光阴的面纱时，竟然惊诧于落叶对我的熟视无睹、无动于衷了。

或许这正是落叶引人注目、难以释怀的秘诀。

我曾请教过一位京剧大师，“面对台下黑鸦鸦的观众，你可曾胆怯?”

他微笑着回答：“其实我的眼睛和观众一起盯着舞台，全部心思都敛聚在唱念做打上，哪里能够分神去望台下。”

我曾请教过一位文学大师，“面对那么多挑剔的读者，你可曾彷徨?”

他亦微笑着回答：“我的心就住在我的书里，油盐酱醋都是自己的欢喜，用不着顾及他人的口味。”

可见真正的表演是无观众，真正的创作是无读者，真正的境界是无人之境。无人之境，正是超越之境，是脱颖而出、别具一格的舞台。所以，越是偏僻的地区，地域特色往往越浓郁；越是孤僻的人物，个性特征往往越鲜明。风格原是聚精会神缝制出的一面旗帜，独特、稀罕，经纬匠心独运。

那样，当我们埋怨自己不够出色，不够成功，不够抢眼的时候，是否仔细检查过心灵的布景上，有没有别人的影子，有没有干扰的风波，是否认认真真地叩问过自己，力求全心全意、全神贯注了吗？

有了酷爱和执着，即使一枚落叶，也能够倾倒季节；即使芝麻谷子大的一件小事，也会做得眉眼分明、山青水秀。

赏析

情到深处，“落叶就是一场舞剧”，“能够倾倒季节”；情到深处，舞台上的人不会因观众多而胆怯，因为他“不能分神去望台下”；情到深处，文学大师不会因“挑剔的读者”而彷徨，因为他的心“就住在自己的书里”。

情到深处是一种境界。沉醉其中的人，往往不是为表演而表演，而是为心情而表演；不是为创作而创作，而是为自我而创作。这样才能形成自己独特的风格，使别人欣赏自己。

“有了酷爱和执著”，我们的生活才会变得多姿多彩，所做的小事也将富有意义。

虚荣是花开得太多

>> 王书春

你开花只能博得路人的赞美，可你为了虚荣花开得太盛，就不利于果实的生长。

虚荣的人就像一棵花开得太多的树，是很难结出硕大的果实的。

花树都喜欢绚丽的花开满枝头，博得众人的喝彩。可也别忘了，要是花谢了，长不出果实或长不大果实，种树人就要把它砍掉栽种别的能生长果实的树。果农不管它的花开得多美，他要果实。

人世也一样。你开花只能博得路人的赞美，可你为了虚荣花开得太盛，就不利于果实的生长。等花谢人去，青春已老，你没结出果实，又以何脸面见人呢?

想多开花是件好事，进取与虚荣只一步之隔。但开花时要想一想自己的实力，别为了与他人比花的多少而耗尽精力而无力结果了，那将是可悲的。

机遇像一块石头

机遇像一块粗糙的石头，只有在雕刻家手中才能获得新生。上苍赐给我们机遇，我们必须有能力按自己的设计把它塑造成完美的形象。

这个世上从不缺少机遇，就像满山遍野都是粗糙的石头一样。可许多人不想学习雕刻机遇的本事，却只管等待机遇的垂青，这种人实际上是在靠碰运气过日子，而碰运气是连一顿饭都混不到的。

机遇有时靠等待，而大多数是要你自己寻找。石头满山满河都是，你必须找一块适合你雕塑的石头，你才能创造伟大的形象——成功。

当然，一味地等机会、找机会也不是上策，“与其临渊羡鱼，不如退而结网”，还是先下功夫学好雕塑的本领，机遇永远钟情于有准备有能力的人。

■赏析

“虚荣的人就像一棵花开得太多的树”，往往只顾开花，而忘记保留实力去结果。绚丽的花能够“博得路人的赞美”，却博不得果农的欢心。虚荣的人可以凭光华获取一时的称誉，却留不下永远有用的东西。青春去了，还没有结出人生的果实，无疑很是可悲。

“机遇像一块粗糙的石头”。你若想获取机遇，“必须有能力按自己的设计把它塑造成完美的形象”。有时候，它会垂青于你，但那只有很小的机率，有时候，你可以找到机遇，但这也并非上策。如果你学会了“雕刻机遇的本事”，那么将得到机遇的真情，成功亦将被你握在手中。

正直人生（二章）

>> 虞荣舜

白衣天使，默默奉献，那是救死扶伤的陪衬；辛勤园丁，甘为人梯，那是桃李满天下的陪衬；军人的妻子甘作牺牲，那是“军功章里的一半”的陪衬；“甘为他人作嫁衣”的编辑，幕后的配音演员以及跌打滚爬的陪练运动员等，不都是一种陪衬人生吗？这里没有名利的争逐，也没有荣辱的计较，有的只是垦荒牛式的寂寞，春蚕般的吐露。看够了滚滚红尘、汩汩物欲，看够了欺世盗名、尔虞我诈以后，我们才真正懂得这种种陪衬的博大与尊贵。“枫叶把整个青春献给了太阳以后，它就具有了太阳的光彩了。”

人生是一次远航，沿途擦船而过的有狂涛的喧嚣，有数不尽的虚浮的浪沫，但这一切均无损于海的光明磊落，海的坦荡忠诚。

挺立的帆桅，从不畏惧前方的惊涛狂飙，不躲避身旁的暗流漩涡，以不折不挠的正直和骨质的硬朗，毅然竖于波澜迭起的浪峰。执著不舍的是笑迎风浪的桨声，是直面逆境的帆影……

正直是真理奋然崛起的树冠，是让正义点燃的熊熊圣火。媚俗之笔，绘不出壮美的画卷，虚饰的包裹，终掩不住内在的浅薄和怯懦，唯有正直之心才吟出掷地有声的座右铭：富贵不能淫，贫贱不能移，威武不能屈。

泰山压顶色不变，因为有勇气在；海啸扑面胆不战，因为有豪情在；强权压身志不改，因为有正直在。人可以没有权势和尊位，但不能没有正直；可以不要奖杯和墓碑，但不能不要大写的“人”字。

司马迁刚直不阿，留下了辉古烁今的史家绝唱；闻一多宁折不弯，铸就了《最后的演讲》的正气篇章；彭老总“我为人民鼓与呼”，更树立了一个正直奇伟的坦荡人生。煌煌史篇无不证实了：正直站立，需要用一生锤炼。

正直，不容半点雕琢与伪饰，也不怕流言与暗箭，它是信仰的自然涌动，是人格的自我锻冶。于是凭着正直的风骨，青春才阳刚永恒，靠正直的坚韧，人生才能抗压防折。

陪衬人生

一位残疾军人曾写下了他对生命的独特体验："我的存在似乎是为健全的人作陪衬的，只要我往健全的人面前一站，他们能知道还有这样的人活在世界上，从而珍视自己的一切，那么我陪衬人生也是有意义的。"多么无私超然的胸怀，多么旷达宽宏的境界！

是的，一个人的生命不管多么凡俗或缺憾，但只要日夜兼程，自强不息，这个过程也是一种美丽，一种不朽。世界不正是在众多的陪衬中才烘托出辉煌和真谛吗？你是一簇小草，就散见于花卉一旁，扶持出绚烂；你是一片云絮，就点缀在蓝天，映衬出一道彩虹；你是一朵浪花，就融进大海，化作一种壮阔吧。

白衣天使，默默奉献，那是救死扶伤的陪衬；辛勤园丁，甘为人梯，那是桃李满天下的陪衬；军人的妻子甘作牺牲，那是"军功章里的一半"的陪衬；"甘为他人作嫁衣"的编辑，幕后的配音演员以及跌打滚爬的陪练运动员等，不都是一种陪衬人生吗？这里没有名利的争逐，也没有荣辱的计较，有的只是垦荒牛式的寂寞，春蚕般的吐露。看够了滚滚红尘、汩汩物欲，看够了欺世盗名、尔虞我诈以后，我们才真正懂得这种种陪衬的博大与尊贵。"枫叶把整个青春献给了太阳以后，它就具有了太阳的光彩了。"

朋友，你难道没有感觉到，这平淡的陪衬不也是一种美丽，一种充实的景观吗？

赏析

一个"大写的'人'字"，必然有着"正直的风骨"和"正直的坚韧"。他是崖顶的青松，是旷谷的幽兰，是"挺立的帆桅"。困难压不趴他，强权吓不倒他，名利折不弯他。正直的人坦坦荡荡顶天立地，笑对风雨傲视崎岖，在"煌煌史篇"下留下了深深的印迹。他们的人生"容不得雕琢与伪饰，也不怕流言与暗箭"，是巍然而立的高山。

陪衬人生初看似乎平淡，其实也是"一种美丽，一种不朽"。小草陪衬花的绚烂；白云陪衬天空的蔚蓝；残疾人陪衬健全；幕后英雄陪衬前台的感人表演。他们"甘作牺牲"，"默默奉献"，是"博大与尊贵"的，是滚滚红尘中"一种充实的景观"。

尊严无价

>> 李　军

尊严无价，我们说说容易但真正体会出它的内涵的却是……

我的一位同学去日本留学，十几年来我们一直没有谋面，只是从其他同学处间断地知道他的一些消息：他毕业于北京航空大学，在北大读完研究生后去了日本，在日本取得博士学位后被聘请为日本某研究所的高级研究员。后来又娶了一位日本太太。每次同学聚会谈起他，大家都表现出无限的羡慕和敬佩。

前不久我在北京遇见了这位同学，在一番客套话后我们有这样一段对话：

“你是回国探亲吧？”

“不，我是回国定居的。”

“定居？那你在日本的工作？”

“我辞了。”

“你的日本太太她愿意到中国来定居吗？”

“当然。”

“你现在哪个单位工作？”

“中科院物理研究所。”

“是否中科院给你的待遇很高你才回国的？”

“不，我现在每年的薪水不及在日本一个月的收入高，住房也仅有30多平方米，相当于我在日本住房的1/10多一点。”

“那你为什么还要回国？”

“我在日本学习工作了九年时间，不论学识和工作能力应该说都是优秀的，虽然我有很优厚的待遇，但在许多日本人的眼里，我永远是个二等公民，你工作再优秀永远也不可能进入高级决策层，和我同样工作的日本人待遇却比我高许多，在日本的九年里，我时时感到自己的人格和尊严受到了玷污，这种感觉越来越强烈地刺激我决心回国，虽然我现在各方面的待遇都比日本差一些，但我却找回了一个完整的人格和尊严。这些是用多少金钱都买不来的。因为尊严是无价的。”

尊严无价，我们说说容易但真正体会出它的内涵的却是我这位留学归来的同学。

那天北京的阳光很灿烂，我们旁若无人地聊了很长时间，我似乎突然间也明白了华罗庚、钱学森等老一辈科学家，他们毅然回国不仅仅是有一颗报效祖国的心，也是为了找回中国人的尊严。

■赏析

活在世上，倘若只为了金钱、地位、美色等，只愿意低三下四地享受生活，撕下脸皮混口美餐，这种人，是不是有点儿人不像人、鬼不像鬼呢？

活着就要活出个模样儿，而支撑这幅模样的基础就是尊严。“尊严无价”，因为它是人和动物区别的最起码的标准，失去这个标准，还谈什么理性的思维和人格的完美呢？

青春花季

>> 华红辉

当飞花渐瘦，昨日之阳与今日不再同样年轻之时，才一梦初醒：青春无需昭示，不用证明，青春挥霍不起，青春更不为你所独有。

世上有些花常开常落，有些花却只有一次花季，不经意就会开放，不经意又会错过。

如果，如果你在花开的时候，忘了拍一些美丽的照片，等到错过了花期，再去追忆那淡淡的、诱人的花香，就难免在花香轻袭之时，抚之怅然。

18岁，多么美丽的花季呀！哪个黑眸中没有青花似霰，哪个嫩白的额头没有梦幻如阳呢？

每次颤栗都没齿难忘，每一个声音都刻骨铭心！

然而，18岁的时候，我们却不明白青春。

我们把青春当作一种资本，用挥霍生命来昭示她的存在；用夸夸其谈来显示她的魅力；用我行我素来证明她的洒脱……

当飞花渐瘦，昨日之阳与今日不再同样年轻之时，才一梦初醒：青春无需昭示，不用证明，青春挥霍不起，青春更不为你所独有。

原来，每个人都年轻过，每个人都拥有过青春的梦！18岁如花的芳龄，只是自然的造化，不是你的资本；断章片语的浮华炫耀，只是你的幼稚，不是青春的魅力；野马脱缰般地放浪形骸，只是你的偏执，不是青春的洒脱……

青春是一首歌，让你用如火的精力唱出她的生命；

青春是一个梦，让你抚去任何虚妄的痕迹，用坚实的足音将她羽化为现实的辉煌；

青春是一只飞鸿，让你抖落世俗的纤尘，陶然于生命的恢宏与超然；

青春是仅属于你一次的花季，让你在幸福的时候，要倍加珍惜，苦难的时候，要倍加坚韧，悉心地采撷每一种花的标本，留住那永恒的生命的芬芳……

赏析

青春之花，“只有一次花季”。十多年力量的积攒，只为那短暂美丽的瞬间，如果你错过了，将会成为永远的遗憾。

花开的时候，我们总是想：“花期还长，以后再好好欣赏。”然而，等到明白了它的价值之后再回首，枝头只余枯蕊残瓣，幽香亦早已飘散。

“花须堪折直须折，莫待无花空折枝。”年轻的朋友，花开了，就要珍惜去呵护。拍下美丽的照片，在心底留住对它的眷恋……

日子，每天都是新的

>> 霜　枫

没有人愿意锁住日子，在陈旧中度过生命的时光，追求新鲜才是人性的本相；不要再把“喜新厌旧”当作批判和谴责的法宝，现代人渴求新的观念，新的生活，新的情感，新的向往……

月亮还是那个月亮，太阳依然是昨天的模样；山岗雕塑般凝固在那个高度，时光也似乎一如既往地平平常常……

我们习惯于这样“跟着感觉走”，而盲目地“跟着感觉走”往往是一种情感的忧伤，理性的迷惘。

哲人说：只有千古不变的日月，没有千古不变的时光。确实，即便太阳月亮真的千古不变，而我们的日子不是时过时新，每天都呈现着新的迹象吗？昨天陪伴你的还是2000年，而今天迎接你的，已经是2001年的灿烂阳光。

是的，不管承认不承认，不管你能否感觉得到，日子，每天都是新的，我们周围的一切都悄悄地发生着变化。君不见——那一片简陋的瓦屋不知何时突然变成了一幢幢高楼大厦，种惯了玉米高粱的土地，也情不自禁地变成了绿油油的时新菜畦；君不见——金钱已不再是浑身铜臭令人讨厌，商品经济也名正言顺登入大雅之堂；君不见——改革开放给人以实实在在看得见摸得着的希望……

没有人愿意锁住日子，在陈旧中度过生命的时光，追求新鲜才是人性的本相。

不要再把“喜新厌旧”当作批判和谴责的法宝，现代人渴求新的观念，新的生活，新的情感，新的向往……

既然，日子每天都是新的，时代已敞开温暖的胸膛，我们就该一头扎进去，没有理由再东张西望，没有理由再犹豫彷徨，没有理由再抱着怀疑的目光；

既然，日子每天都是新的，我们为什么不以全新的姿态，全身的力量，把每一天都活它一个——崭新辉煌?!

赏析

“日子，每天都是新的”。只要你有明澈的眼睛，就会发现太阳添了娇羞，月亮载满离愁，山岗上多了绿意，今天与昨天很不一样……

“日子，每天都是新的”。新潮装束会使你眼前一亮，时代变革会使你瞠目结舌。不必再固守惨谈，去追求明丽的风光……

生命的过程在于追求，追求的目标就是新奇。给自己全新的心情，树立“全新的姿态”，凝聚“全身的力量”，日子就会辉煌，呈现出崭新迹象，让你见到岁月的流光……

经霜的历程

>> 王安雄

没有冬的生活，不能说是完整的生活。没有冬的人生，不能说是丰富的人生。没有冬的爱情，不能说是阅尽一切的情感。

坦然一想，冬，只是一段经霜的历程。

毋须回避，也无法回避。

高山，大河，井架，诗歌，万千生命，都无法回避去接受一场冷峭的检正。

在铺天盖地的冰雪里，去检正我们的脚印是否能延伸顽强；在千鸟飞绝的沉寂里，去检正我们的思想是否能果敢地翱翔，是否能穿越漫漫的冷僵。

只有经住冬的检正的种子，才是坚实的。

只有经住冬的检正的道路，才是久长的。

没有冬的生活，不能说是完整的生活。

没有冬的人生，不能说是丰富的人生。

没有冬的爱情，不能说是阅尽一切的情感。

对于不懈寻求的眼睛，冬同样是一幅有阳光在我们脸上闪闪耀耀的风景，同样是一种充溢生命色彩和勃勃生机的壮美。

远处，一株傲雪的红梅，静静地燃亮着她的一团火焰——在渴望美的时刻，在渴望暖色的心里。

我想，仅为着那株红梅，再冷的冬天，再长的冬天，再多的冬天，他也会毫不气馁地向前走去。

赏析

红梅经过霜雪才现出顽强坚韧，人经过挫折才练出万丈豪情。

冬，是一段“无法回避”的“经霜的历程”。冰雪是为了考验我们的意志，沉寂是为了阻止我们的冲动。走过了冬天，才走过了完整的四季；走过了失败，才拥有了丰富的人生。

“不懈追求的眼睛”穿过冬天，看到的是百花在争艳，听到的是春燕在呢喃。

明知道冬天过后是春天，又何必埋怨冬天？明知道伤痛之后是欢颜，又何必怨命运多舛？

■ 拥抱青春

>> 粒　砂

青春是用意志的血滴和拼搏的汗珠酿成的琼浆，历久弥香；青春是用不凋的希望和不灭的向往编织的彩虹，绚丽辉煌。攀上峰巅不轻狂，陷入激流不凄凉。青春的魅力在于勇敢地抛却虚妄与幻想。

青春的美丽，不是街衢流行的名牌时装；

青春的旋律，不是吉他弹奏的缠绵忧伤；

青春的潇洒，不是臂臀摇摆的忸怩作态；

减食吃素“饿”不回青春；鲜饰艳妆“抹”不回青春；束腰修容“整”不回青春。

青春在哪里？青春是什么？她就在我们的心里，她就是一种精神。

心灵充沛年轻，青春长驻；精神乐观向上，永葆青春。

青春是用意志的血滴和拼搏的汗珠酿成的琼浆，历久弥香；青春是用不凋的希望和不灭的向往编织的彩虹，绚丽辉煌。

攀上峰巅不轻狂，陷入激流不凄凉。青春的魅力在于勇敢地抛却虚妄与幻想。

说什么红尘滚滚，叹什么世事沧桑，拥抱青春，坚定信仰，踏着时代的节拍，让理想的蓓蕾纵情绽放。

笑傲尘俗则刚，苦难为师则强。临渊羡鱼，不如退而结网。行动起来吧，朋友！青春是爱情的季节，更是创造的季节！

■ 赏析

“青春的美丽”，是温暖明媚的三月阳光；

“青春的旋律”，是进行曲般的高昂铿锵；

“青春的潇洒”，是挫折面前的神采飞扬；

“青春的快乐”，是偶逢知己的笑语欢畅。

青春终会逝去，但青春的精神却可以长存。它是刚强的意志和奋力的拼搏，是“不凋的希望和不灭的向往”。

拥抱了青春，也就拥抱了理想与力量；拥抱了青春，也就拥抱了乐观与成功。

不管你是否拥有青春，都应当拥抱青春。

遗忘教你洒脱

>> 虞荣舜

过去的就让它过去吧，时间无暇后顾，人生总是在诀别和放弃中前行，何必总是苦苦寻觅那一串串被蒿草覆盖了的足迹，那一粒粒退色的相思红豆，那被岁月风化了的彩贝，那一枝枝枯皱的香山红叶……

冰川横流过，山岩上留下雄浑的擦痕；火山爆发过，天池中留下了壮美的馈赠；流星燃烧过，静夜里留下了瞬间的光迹……

在时间的流程中，你常常审视自己的脚印吗？是的，当所有的形体、色彩和音响都淡漠之际，唯有心灵的印痕更值得追忆。但是我要说，不必过多地留恋！过去的就让它过去吧，时间无暇后顾，人生总是在诀别和放弃中前行，何必总是苦苦寻觅，那一串串被蒿草覆盖了的足迹，那一粒粒退色的相思红豆，那被岁月风化了的彩贝，那一枝枝枯皱的香山红叶……

请不要把荣誉的脚印，作为向生活索取的资本，那原先还深沉的脚印会变得肤浅。也不必让失败的泪痕凝滞你有力的脚步，泪水只能软化你的意志，过多的留恋和计较，就等于把无谓的东西统统背在肩头，何苦如此负重的劳役？

让时间教你学会遗忘吧，忘却失恋，挫折，忘却误解、仇恨……遗忘是一种坚定的卸落，是一种轻松的洒脱。你生命的价值正在于此延伸和扩展之中。

朋友，请记住，回头审视，是为了前进。让退色的过往，植为道边的灌丛，蓄足你的心力和体力，走向时代的前沿，走向生命的又一片新绿……

赏析

有时真的说不出，人是尽快地忘却自己的过去好，还是长久地记在心中好。人的忘却，是本能的一种保护作用，它使生活容易轻松。而记忆，则是生命与生命、生活与生活的一种联系，它形成着人的情感，使我们在生活的背影中思考。

但，人总该有一种选择，总该有一种坚持："忘却失恋、挫折，忘却误解、仇恨"，记忆珍贵的人、珍贵的感情和时刻；坚持"遗忘教你洒脱"，坚持记忆教你深刻。

生活，不是梦

>> 艾明波

生活，不是梦，而是由我们自己托起的一片晴空；生命，不是一个玩笑，而是一次庄严而神圣的旅程。我们这一代人站在世界的旷野，拉着时代的纤绳。

生活，不是梦，而是由我们自己托起的一片晴空；生命，不是一个玩笑，而是一次庄严而神圣的旅程。

我相信，你不是在梦中，因为我读懂了你的眼睛，明亮清澈而毫不朦胧。不再迷茫，不再哭泣，用心的能量去注释一个个疑惑的事情。正视现实吧，在时代的热潮前，冬天也不会寒冷。

不再幻想远去的帆会带走所有的烦恼，不再企望黄昏到来之前会出现一次黎明。也许另一个“我”会悄悄地告诉你说：“人生如梦，死才是梦的初醒”。狠命地咬一下嘴唇吧，只要出血，那么你还有一个活着的心灵。面对繁杂的生活，请不要躲在一片灰色的背景里去渲染悲哀的歌声。勇敢地走进生活的大门吧，哀叹和等待都不能说明你还清醒。不是有人在闯世界吗？不是有人在漂长江吗？是强者总会把路摔倒在自己的脚下，是勇士总不会忘记冲锋！

如今，我们这一代人站在世界的旷野，拉着时代的纤绳。我们不再迷茫，不再属于幻境，浪漫的心在找到一片岛屿之后，就去唤醒做梦的人们，就去镀亮龙的图腾！

生活，不是梦。

生命，只是一个过程！

赏析

对于人来说，生命抽象而具体，生活具体而抽象。在印象里往往是混沌的、不清晰的。

有这样的智者，吃的核桃必是带皱壁的核桃，走的路必是磕磕绊绊的“山路”。为什么？他会答：生命在于过程，过程给人体悟，体悟让我清醒地活着。

这就是：“生活，不是梦，而是由我们自己托起的一片晴空；生命，不是一个玩笑，而是一次庄严而神圣的旅程”。

年轻的心，勇敢吧，坚强吧，清醒吧，生活，不是梦；生命，只是一个过程。

与夜相依

>> 韩　冬

夜，以它独特的魅力，隐掩了一切懒慵的习气，赠人以淡泊之美，拼搏之气，执著之心。夜，赐给冲浪者惊涛的气魄和辉煌的梦寐。夜，淡雅中暗贮着生存真话，宁静中蕴涵着不楔的奋进和深沉。

带来光明的太阳去了，空空天地间留下个独行的我。于是，我用青春的热忱面对旷远的夜。

千户灯盏，照亮夜行人的眼眸。

这时，我敞开着心扉走在清清朗朗的街面上，傍依着路边灯炬，拥歌独行。活泼的夜风叮叮当当地摇响生命浓绿的街树，将漫步的我，引向鸟语花香的田园。

我是一只不甘沦落的夜莺，不会为扩大寂寞而唱。

我突然感到，这无边的夜独自属于我了，包括潜滋暗长的花卉和夜夜做梦的星斗。

夜揽着我的躯体，于是，向往美好的脚步更加健壮。现在，心无烦躁，情无忙乱，所有的记忆都在安宁的夜里有条不紊地流溢成江湾间的纤绳，扯着生命的船帆，吆喝四季，稳步前方。

夜，以它独特的魅力，隐掩了一切懒慵的习气，赠人以淡泊之美，拼搏之气，执著之心。

夜，赐给冲浪者惊涛的气魄和辉煌的梦寐。

夜，淡雅中暗贮着生存真话，宁静中蕴涵着不楔的奋进和深沉。

回归我心灵间的现实小屋，那如万树一叶的小木屋，包容着我朦胧的爱恋，懵懂的岁月，磨难的青春，更孕育着一往无前的生命能量。

无月的长夜，不曾开灯，更不愿燃烛。

我独享着无边的夜色，轻轻地走向窗根，轻轻地打开日日封存着的百叶窗……星辉瞬间满眸，溢涌满屋，夜的花香也随之点领了各个角落，小木屋，以及我的心。我畅然地伸展疲惫的肢体，轻轻悄悄地吻着清香的夜色，一颗心深醉于闲静安然中去了。

我一直以为自己幸福地拥有夜的恬静，原来，青春的心绪也会独步天空的圣灵——闪熠明辉的星仔，以及朴实无华的院内小花。

此际此时，在有星有花有清风的夜，我享有着这迷人的世界，心好幸福。

真的，这温柔的夜给你一个真实的感受。

东方的夜色淡淡地单薄了起来，欢唱的星渐次隐去。

我知道，黎明快要把目光投向这片生机勃勃的大地了，自己便要拥有另一番天地了。

夜宁谧，白昼也有独特的风度。

所以，面对失去的夜，我不再悲悸地挽留。

我喜欢在夜中摸索，为那份坦然，为那缕轻松，为那份心底的羞涩。

夜，在我的日记中徐徐流动，带给我一幅幅醉人的风景。

与夜相依，生命在独行中成长，灵魂在清雅中昂然，淡泊地迎向青春的每一个黎明，充实奋斗、充实人生。

赏析

多么怡人、宁静的夜呵，看那满树的星盏，看那“溢涌满屋”的“花香”，可否洗涤了一位游子漂泊不定的灵魂？

恬读夜的幽静夜的旷远夜的深沉，恬读自己走过的深深浅浅的脚印，你是否已经获取了那份“清雅”中的“昂然”、“淡泊”中的宁静呢？

掬一捧星光，遍染你前进的道路，去迎接那“白昼”的“独特的风度”！

独味生活

>> 艾明波

朋友，在你执著的奋进中勇敢地搏击风雨；在你前进的征途中不要把别人踩倒作为你高升的台阶；在你胜利的时刻不要忘掉先辈与同仁的鼓励。这才是堂堂正正的生活，这才是光明磊落的生活。

生活是什么？

是欢笑，是泪水，是美妙的花，是苦涩的酒，是轻松的不能再轻松的甜歌，是沉重的不能再沉重的压抑……

每个人都有每个人的理解，每个人都有每个人的答案。正是为了寻找这各自迥异的答案，人们才在黄昏或清晨匆匆走上一条属于自己的道路，去发现属于自己的谜底。而正因为这样，由于每个人找到的谜底千姿百态，才使这个世界变得五彩缤纷，才使不同的生命或成为一捧泥土滋养鲜花，或成为一丝阳光普照生灵，或成为一座坐标引导方向，或成为一缕清烟悄然飘去……

在这诺大的没有遮挡的房子里，在这浩瀚无尽的广宇之间，你将成为什么呢？在询问别人的时刻也同时问问自己。那么这就要看你怎样去抉择，怎样去感受，怎样去对待。

你给了生活多少耕耘，生活就会赏赐你多少果实；你给了生活多少懒惰，生活就会回敬你多少苦涩。

独味生活，便也象嚼了一枚青橄榄，便也象吃了一块糖蜜。静静地伫立在自己的岸上，在这仅属于自己的空间一遍又一遍地提醒自己：别辜负了生活，别辜负了生活那么多无私的给予，有的人愧对了生活，那么他们将留给世界的是一声无奈的叹息。有的人深悟生活的含义，他们将自己的全部力量去拼搏、去奋斗、去进取。即使有一天，年龄的吃水线浸过了他们的船头，即使他们的身体瘦弱成一副陈旧的铧犁，他们仍然会以耕耘的形象站立在人生的峰巅，挥舞旗帜，展示一生的、耐人寻味、催人奋发的经历。也许他们没有惊天动地的壮举，但他们在离开人世的时候，他们可以自豪地说：“我们生活过了，我们给予过了，这样，当人们以敬仰的目光寻找他们身后那深深浅浅而又装满苦涩的轨迹时，便是生活给了他们至高至上的无言的评语。

朋友，你不想拥有这样的评语么？你真想把你的躯壳连同名誉一同带走么？如果你还有一丝恻隐之心，那么请别愧对生活，请别糟踏生活！

在你执著的奋进中勇敢地搏击风雨；

在你前进的征途中不要把别人踩倒作为你高升的台阶；

在你胜利的时刻不要忘掉先辈与同仁的鼓励。

这才是堂堂正正的生活，这才是光明磊落的生活。

赏析

生活意味着欢笑，意味着泪水，意味着鲜花，意味着五味俱全的“鸡尾酒”一杯。

耕耘和果实是“铁哥们”，懒惰和苦涩是“同胞妹”。朋友，对待生活，你喜欢群居？还是向往独味？我想，不管怎样过，都不能辜负生活无私的给予。即使一生默无声息，只要对得起到世上走上一回。

风雨花

>> 柳　明

风雨花，实在太普通了，普通得难登大雅之堂。而它不求呵护，不争宠爱，不怕冷落，在人们的忽略中积蓄着自己；当一展辉煌时，也只求向上和奉献；这又实在太普通了。

早春，一个冷雨的黄昏，我站在临街的阳台上，满眼凄迷。灰暗的天，阴沉的树，街上不见欢跳着追逐着的孩子们，大人们的表情都藏了起来。

我家的阳台上却别有一番天地。圣诞花叶形的花瓣舒舒展展，娇红得热烈而不俗。金黄的四季桔，光润如初。两株茶花，一株宫粉，一株白嫦娥。花型饱满，纤尘不染，让人联想到圣洁与尊严，在它们面前心里是不会产生什么邪念的。两盆价格昂贵的比利时杜鹃，红的白的花极灿烂地与精巧的绿叶紧紧依偎在一起。花与叶亲密无间到这种程度的还不多见呢。上帝有心。此时节阳光欠缺，杜鹃的枝条却缀满一簇簇的紫红。那盆桂花呢，枝条的每个叶芽都堆聚着一团浅黄小巧的花，幽幽的香气弥漫空间，我心里有种受宠的感觉。

偶然一瞥，实在是偶然一瞥，瞧见阳台一端的一盆风雨花。盆泥已干裂，蒜状的鳞茎露出泥土，叶子干枯成一条条深褐色的线四散地贴着盆沿下去。这其实是意料之中的。这个角落没阳光，也几乎承受不到水分。去秋以后，我见它日渐一日地衰败，断定没救了，便不再看顾它。我也得承认，潜意识里怕它在显眼处有碍观瞻，于是顺手把它挪到这个角落。

接着便是夏日骄阳与热带风暴轮番交替地侵占阳台了。风暴来时，雨水倾盆泼向花木。天若大晴，又火一般炙烤。实在难为花木们生存。煞费了一番苦心又毫无结果，令我不免怅然。

偶然一瞥，实在是偶然一瞥，哦，那干枯的风雨花，竟出落成一丛墨兰似的，蓬蓬勃勃，一派生机，没有了半点儿昨日衰败的痕迹。碧绿与舒展的叶子守护着一枝半尺高的花基。不知怎的，我的心一动。我的确是被什么触动了。我想它该接受阳光与雨水，便赶快在被别的花儿们占领的地方腾出一块空档，端端正正地摆好它，拾掇干净盆边的枯叶，淋了适量的水。转日起床一看，只大半天功夫，花基一下子蹿到一尺多高，花蕾眼看着要放开了。后来果然眼看着花蕾绽开，紫粉红，黄蕊，六瓣，棱形，简明，质朴，一阵微风吹过，点头含笑。顿时，我感到一种极为舒畅的美，不仅因为风雨花点缀了一片寂寞的绿色，而且感到一种大自然的风情扑进我的阳台。我被深深感动了。

风雨花，实在太普通了，普通得难登大雅之堂。而它不求呵护，不争宠爱，不怕冷落，在人们的忽略中积蓄着自己；当一展辉煌时，也只求向上和奉献；这又实在太普通了。

望着在风雨中摇曳着的风雨花，我深为曾有的势利而愧悔。我也还想，难道世间只有风雨花是这样么？

■赏析

在花的王国里，那盆不太惹眼的“风雨花”还真难惹得别人的注意。她“不求呵护，不争宠爱，不怕冷落，在人们的忽略中积蓄着自己”，“只求向上和奉献”，于孤寂和冷漠之中依旧挺直自己生命的枝叶，托出生命的花瓣。

是啊，生命之美并不在于它如何的华贵、受宠，如何的炫耀和阔气，而在于它本质的魅力——对生存、对自然的一颗至诚之心！

朋友，走近一点，看看这株“风雨花”，再好好看看自己。

向往五重奏

>> 芦苇

我们向往似火的潇洒，向往如水的柔情。向往春天的希望和新绿，向往夏天的热情和大方，向往秋天的收获和成熟，还有那只属于秋天的黄叶片片。向往冬天的冷酷和含蓄，还有宁静与纯洁。

向往着一切不属于现实的东西，向往着一切不可触及的美好，向往着未知一切的神秘。向往着真实，只有捉摸不透的才是真实。

向往着太阳，向往它喷薄而出的壮丽，向往它感染一切的金色的光芒，向往着它哺育一切的博爱，又向往着落日的辉煌和“晚霞夕阳红。”

向往着雨，向往那种不湿地面的毛毛细雨，向往着将它剪下一片，装入水晶瓶挂在窗前。

向往着风，向往它吹过沙漠的刚烈，又向往它的自由。向往风的孤独，那种“潇然雁孤飞”的孤独，于是便向往独自一人，背上空空的行囊远走他方；于是便向往着风筝，无忧无虑像风儿一样地飞，飞过梦和自由的边缘，去找回单纯的心。

向往着白云，于是便渴望自己是上帝饲养的白色精灵。

向往着雪，向往着雪的淡雅，雪的纯洁，于是便向往那种满天飞絮的天气，用写着誓言的手托起一片轻飘的柳絮。

向往似火的热烈，向往如水的柔情。

向往春天的希望和新绿，向往夏天的热情和大方，向往秋天的收获和成熟，还有那只属于秋天的黄叶片片。向往冬天的冷酷和含蓄，还有宁静与纯洁。

向往着达·芬奇的画笔，于是学着笨拙地将路灯的昏黄温柔地画下。向往贝多芬的旋律，于是便有了克莱德曼的华丽的钢琴曲，又向往着《蓝色多瑙河》的优美圆舞曲。

向往着风铃的脱俗，向往着它简单而又美丽的音符串串。

向往着晚霞的诗意，向往着雾的神秘，向往着古树的沧桑，向往着枯木的悲凉。

向往着山间的小溪，纯得只剩下透明。向往山间的小路，如人生的脚步一样崎岖。

向往着那一片夕阳下的绿草山坡，只有风和吉它伴我。

向往着高山流水，想学会瀑布的壮丽，于是懂得了男子汉应该拥有怎样的胸怀。

向往着枫叶的悲凉，向往着红豆的情思，于是便相信了缘份，拥有了片片情意化成枫叶，被心珍藏。

向往着桃花下的流水，向往着桃花下静水河的波浪，将桃花片片情意如烟荡向东去。于是学会了孤独，懂得独唱恋歌的心。于是向往那蓝湖中的小船，静静地漂泊在自己的港湾。

向往着成熟，不想在现实中不堪一击，于是向往着不同的生活，便向往着演戏，却不知道自己已经在演着一场不知是谁在编导的戏剧。

■赏析

向往即追求。

不论你向往什么，都会把它纳入你生命的范畴。

向往太阳的博爱，向往风的刚烈和自由，向往春天的希望和新绿，向往夏天的热情和大方，向往秋天的收获和成熟，向往冬天的冷酷和含蓄，向往高山流水和壮丽瀑布，

…… ……

只要执着向往，追求本真，美梦自会铸就！

塞上月明夜

>> 柯　英

月光如注，是人心造的境；面对戈壁，怎不让人产生流动的联想？戈壁实在是一条无形的海，从远古流到现在。水虽枯了，石虽显了，波澜虽泛不起了，但涛声犹在，风不是一年四季不歇地在诉说着么？戈壁也是一本厚重的史册，记载着原古，诉说着变迁，五千年前是如此，五千年后依然如此，比“秦时明月汉时关”更透彻地牵动我们的时空感知。你看，历经风吹日晒霜雪酷暑的戈壁在明月下多么静穆旷远！越是丰富博大，越不显山露水，越是肤浅虚浮，越不知天高地厚。

这是一片旷远的、虚静的天地。

远离市声的喧嚣，抛却人生的羁累，无需忧，也无需虑，你就自在地欣赏这片空，这片白，这份闲情。

悠然的南山，那是祁连，霍去病征战匈奴的祁连，西路红军浴血的祁连。静穆的戈壁大漠，那是无声的海。

远古神话是波光潋滟的西海。头顶是月明星稀的高邈青天，你是行在旷古时空中的走客，自况为屈子也行，自称作太白也罢。

天地间空荡荡的，也满荡荡的；空的是你的心，满的是月的光月的韵。看世界万物不再狰狞万状或眩目缤纷，该凸则凸得分明，该凹则凹得坦然，优美和缺陷复归于本然，你便体证了万物质朴拙鲁，晓得了存于天地间的大境界原本是用不了那么多形容修饰的道理。天地便是你的天地，山水便是你的山水，明月即似了你的心态。以明月来观照的世界，所到之处皆是明朗清洁的圣光，怀揣了世外高人般的思想，看人生则放旷，观灵魂则安妥，想事业则远大。塞上这轮月呀，便不是你坐在斗室里看到的那轮了，它格外赏心，格外悦目，全因了偌大塞上作了背景的缘故。想想平常的苦恼和得意。岂不是眼光大囿于一时一境的缘故，超然物外，静观默识，苦恼便不是苦恼，得意便不是得意了吗？

月光如注，是人心造的境；面对戈壁，怎不让人产生流动的联想？

戈壁实在是一条无形的海，从远古流到现在，水虽枯了，石虽显了，波澜虽泛不起了，但涛声犹在，风不是一年四季不歇地诉说着么？戈壁也是一本厚重的史册，记载着原古，诉说着变迁，五千年前是如此，五千年后依然如此，比“秦时明月汉时关”更透彻地牵动我们的时空感知。你看，历经风吹日晒霜雪酷暑的戈壁在明月下多么静穆旷远！越是丰富博大，越不显山露水，越是肤浅虚浮，越不知天高地厚。

世上的好风景、好境界都在不觉之中，觉悟了便是美，便是文章。像这空阔阔的塞上月夜，给我们的启迪又何止这些呢？

赏析

“觉悟了便是美，便是文章”。

——这“静穆旷远”的塞上明月啊，你把“波光潋滟的西海”再次呈现在“我”的眼前，“我”听到了那厚重、悠远的涛声，读懂了你的美，你的博大，你的“空阔阔”的美！

是啊，“越是丰富博大，越不显山露水，越是肤浅虚浮，越不知天高地厚”。

那一望无垠的戈壁滩，那淡远柔和的塞上明月，你带给我们关于生命的启迪，关于生命的思索……

掌声响起来

>> 郑小龙

所有失败的人，都是半途而废、浅尝辄止的人。所有成功的人，都是屡败屡奋、百折不挠的人。

这是一个晴朗的日子，一份神秘的奖品飞过大洋彼岸，落到高三（四）班阿华的手里。

同学们似乎都有点儿不相信，居然真会有从美国寄给阿华的奖品。连阿华自己脸上也布满疑云，拆包裹的手有点儿颤抖，泄露了阿华内心的兴奋和激动。

这个礼拜天，阿华迫不急待地把奖品捧回家。走进那个破旧而幽暗的家，阿华在厨房里找到了老妈。

"老妈，你看这个！"

"什么东西？"老妈直起她那早累弯了的腰。一本用英文写着阿华获国际中学生英文作文大赛二等奖的证书，展现在老妈面前，如雪亮的太阳般照亮了幽暗的厨房，照亮了老妈那布满皱纹的脸庞。

老妈抚着这珍贵异常的证书，一如抚摸着逝去的往事。

还是在阿华四岁的时候，老爸就去世了，留下他和老妈、哥哥相依为命。那是一段灰色的日子，老妈一个人靠耕几亩瘦田，养几头母猪挣点钱，维持这个风雨飘摇中的家。

在少年的阿华心中重重地烙着羞辱的是一年一度的外公生日。贫困的老妈竭尽所能，备了丰厚的贺礼，回娘家贺寿。阿华也穿了自己认为最好的衣服去见外公。势利的大舅妈不愿和这贫穷的一家子吃饭，知道他们必须在天黑前赶回家，便故意等到很晚才煮饭。老妈只好饿着肚子拉着阿华回家。

在路上，老妈哭着对阿华说：

"孩子，你一定要用功学习，将来为妈争一口气！"

就是这雾霭苍茫里的一句嘱托，便在阿华的心里扎下了根。

在学校，阿华是勤奋守纪的学生，各科成绩都名列前茅。小学毕业那年，他以全校第一的成绩考进了外语学院附中，而这样的荣誉在他所在的学校还是破天荒的第一次。

阿华总是这样对自己说："你是铮铮铁骨男子汉，你必须站直了，挺起腰！"

在外院附中，有一个优美如画的学习环境，阿华似乎没有心思去欣赏美景，他把学习计划安排得细致周密，从不浪费时间。

学校给每位同学订的《英语学习报》，不是每个同学都看得很认真，但阿华却把这份小报看了一遍又一遍。初二那年，全市举行中学生英语大赛，觉得自己水平不错的阿华却以一分半之差被淘汰掉了。

从那时起阿华开始阅读《新概念英语》。《新概念英语》是英国成人教材，对初中生阿华来说很难懂得但他却看得十分的认真。碰到新单词，新语法，他就查字典，问老师。那时，他的英语老师也在阅读"新概念"，不过比他多念了三册。

在饭堂排队打饭，阿华愣愣地站着，队伍在面前脱了节，后面有人推他，他才从英语单词、句式中回过神来。

他开始第一次用英语去思维，构思一篇以和平为主题的文章。尽管那时学校课程还没有"英语作文"的课程。

他拿着有许多病句的文章去清教老师。在老师心中，仍然不相信一个中学生的能力能登上国际竞争的领奖台。但他被眼前这位勤奋执着的学生的追求所感动。他是那样认真地替他修改病句，然后给予热情的支持和鼓励。

三个月之后，奇迹终于出现了，阿华以第二名的成绩获得了优秀大奖。

接到获奖通知的那一刹那，阿华高兴得想对着蓝天大叫，他的第一个愿望就是回家，把这个消息告诉老妈和哥。

如今，那珍贵的证书被阿华的老妈供在家中。阿华正在加倍努力，他的人生历程还有许多更辉煌更灿烂的目标。

■赏 析

掌声响起来，为生活的强者，为不屈从命运安排的人响起来！

贫穷对于有志者来说是一笔财富，他珍视鄙夷，珍视不幸，成长为一个顶天立地的男子汉，用实际行动证明了自己的人生价值。

他的成功，是老妈殷殷的希冀，是不幸生活的给予，更是自己不懈的努力。

掌声响起来，为这勤奋执著志向远大的个性男孩，为我们同龄人中的佼佼者，他的明天，将会更加辉煌灿烂。

年轻的心请为生活的主宰者而跳动，年轻的手请因不屈的英才而拍！

向往青天

>> 肖　苗

向往青天，希望有人用扫帚扫净天庭，扫尽万里绵绵的乌云，等候我地动山摇的歌吟；向往青天，向往一块属于自己的天空，在回归的路途中获取最大的慰藉；向往青天，向往一片悠闲的云，一只抒情的鸟，一朵飘逝的花。

一部弹词，唱古诉今。谁漫步于天庭，逐渐靠近天堂？风顿生的翅膀，驮不动人类理想的家园。渐真渐确，梦的年龄逐渐衰老。“向往青天”，四个汉字永远装在虚构的胸膛。残曲袅袅，谁依旧在飘渺的云烟中自矜地唱着岁月的歌谣？

向往青天，希望有人用扫帚扫净天庭，扫尽万里绵绵的乌云，等候我地动山摇的歌吟；向往青天，向往一块属于自己的天空，在回归的路途中获取最大的慰藉；向往青天，向往一片悠闲的云，一只抒情的鸟，一朵飘逝的花。

向往青天，遥远的故事里有人打开梦的朱扉，看辽阔的天际有风驶过，心也随之畅游。向往青天，屈子独伫江边，看破风尘，随水逝去，独岁月守在江水岸上挥动无尽的叹息。向往青天，晚年出走的托尔斯泰，把陈旧的灵魂撕破，撒向无涯苍穹。

抬头又见青天，又见一个充满幻想的世界，心放出的思线该如何去丈量这无边的辽阔？天空被古老的精神覆盖，历史老人摞着胡子，谁在川上曰：“逝者如斯夫！”梦潺潺，水潺潺，有祥光缭绕，木鱼声声。僧尼的咏涌升腾一片梦的境地，坐古寺静听生命的本真，又见青天里那个无法企及的世界。

赏析

人都有向往，或向往美梦成真，或向往光宗耀祖，或向往事业如意，或向往名就功成，或向往延年益寿，或向往青史垂名，而文中作者向往的则是青天中那“一片悠闲的云，一只抒情的鸟，一朵飘逝的花”！向往是七色阳光，千姿百态，绚丽多彩！

向往不等于现实，拼搏苦干，才是通向向往的阶梯。“逝者如斯夫”“一万年太久，只争朝夕”，否则，就只能“坐古寺静听生命的本真”。

假如我是冰雪

>> 文方芳

冰雪，是冰冷的，但假如我是冰雪，我会有我温暖的一面，春风来了，田野中的我会融化，渗入芳香的泥土，湿润明天的希望。

我向往无垠无瑕的雪原，一副冷漠的面容，却一片真实和纯洁。

假如我是冰雪，不会向往森林一般的城市，在肮脏的脚下被弄脏，我只把纯洁留给田野，孕育来年的果实。我不会向往闪烁的华灯和升平的歌舞，我宁可永远在冰峰的顶端，让寒风吹抚。人们常向往繁华，但我只希望能够无瑕，只有孩子坐到我的身上，才有真实的声音从他们真实的心中发出："真美啊。一片洁白，一片无瑕！"

一阵暖风，它吹遍了每一个角落，让所有的人们昏昏然。一阵刺耳的华尔兹舞曲，它渗透了每一片陆地，让所有的人们过起了灯红酒绿的生活。人们似乎很幸福，但我不屑，我只想在寒风中，让世界仍有纯洁。

终于，我开始融化了，冰峰变矮了，冰川变小了，我开始流泪，晶莹的泪水，不是为了悲伤，是为了滚滚孩子真实的心。

冰雪，是冰冷的，但假如我是冰雪，我会有我温暖的一面，春风来了，田野中的我会融化，渗入芳香的泥土，湿润明天的希望。

假如我是冰雪，我将是真实的。

赏析

热闹的世界，穿得大红大紫的世界，醉眼惺忪的世界！它在异化着多少颗纯粹的心灵，它在挥霍着多少芳菲年华！但"我"却依旧得持着自己的那一片洁白，依旧把温暖捧给所有的人类，在冬天的心脏燃烧，"我"痴情地望着茫茫的"田野"，"我"要把真情留给他们，把所有的灰暗带走……

请接纳来自"我"的洁净和湿润吧！

残缺与完美

>> 张 军

生活总是不尽完美的，现实总是如此残酷的，它只给了我们美的一半，而将另一半藏起来。它总是赋予我们热情，引诱我们去寻觅，却又往往给我们留下思索、怅然。月圆的时候，要记得还有月缺；月缺的时候，要记得还要月圆。只要，心存企盼。

皓月当头，徘徊于幽静的草径上。不经意间，一阵清香便从那透明的月光中顺着风儿流淌出来。你因而心旌摇荡，你因之而诗兴大发，你便在心中勾勒出那副美景：清清的水，田田的荷，淡淡的月光，丝毫不逊色于朱老先生笔下的《荷塘月色》。你几经周折才找到的只是一汪小泥塘，几枝新荷，疏疏朗朗。

稀稀的刘海儿，浅浅的酒窝，含水的笑眸子，调皮的“马尾巴”，勾勒出一个清秀可爱的女孩儿，让你赞叹不已。可她偏偏就是作文写成“狗尾巴圈儿”，每次考试都闯不过60分的“鬼门关”。

一部《红楼梦》，情意绵绵，那里女孩儿媚，男孩儿俏，可它偏偏本身就造就了一个大大的残缺的遗憾，千古难弥。

……

生活总是不尽完美的，现实总是如此残酷的，它只给了我们美的一半，而将另一半藏起来。

它总是赋予我们热情，引诱我们去寻觅，却又往往给我们留下思索、怅然。

我们总是不断地得到，而同时，又不断地失去。我们总是在欣赏与享受大自然赐给我们一切美丽的同时，失去曾经隐藏的一种神秘、一种骚动不安的心绪，一种原本饱含玄机、猜测的冲动。

但，如果我们换一种目光，用理解、泰然、平和、协调、肯定的目光去看这个世界，而不包含太多的挑剔、苛求、呆板、固执，那么，我们就会找寻到另一种相对残缺的美。美，又因残缺而神秘、而完整。

我们无法要求世界尽善尽美，正像我们已无法这样要求自己一样。

月圆的时候，要记得还有月缺；月缺的时候，要记得还要月圆。只要，心存企盼。

我们总是在找寻中得到了满足。我们又在满足时不断找寻。

赏析

不必去苛责那一汪小泥塘，因为你已知道新荷的清香，而它的疏朗亦是独特的美丽形象；不必去埋怨曹先生，因为你已感动于宝黛的悲剧，而它的缠绵亦是永远的追忆。

美丽的开始后，不一定有美好的结局。我们在找寻中不断的失去。

生活是残缺的，而正是残缺才成就了完美。以一种乐观坦然的态度去看，花开花落都是美。无需叹息好景不长，因为留下遗憾的同时也留下了希冀。

只要“心存企盼”，又怎么会在乎今夜是月缺月圆？完美，就在残缺之间。

珍惜人生的春天

>> 黄美姝

“宝剑锋从磨砺出，梅花香自苦寒来，”要想成功就得先尝尝失败的苦味，不经一番寒彻骨，焉得梅花扑鼻香。要想收获，就得先春耕；一年之计在于春，人生的关键不也在春天吗？

一年中有春天，而人的一生中也有春天。什么是人生的春天呢？人生的春天，就是年轻力壮的青少年时期。在人生短短的数十寒暑中，真有如沧海之一栗，因此我们应该好好珍惜人生的春天。

少年易老学难成，一寸光阴不可轻，未觉池塘春早梦，阶前梧叶已秋声。人生的目标是奋斗进取的，因此我们要把握时光，不要白白地走完这一遭。亦如岳飞《满江红》里说的：“莫等闲，白了少年头，空悲切。”过去的就让它成为追忆，不再留恋；让未来听其自然，不空期盼；让我们埋头努力，把握年少，可爱的日子里是春天，宝贵的日子也是春天。我们当在人生刚刚启程的时期，开创自己光明的前程。

“宝剑锋从磨砺出，梅花香自苦寒来。”要想成功就得先尝尝失败的苦味，不经一番寒彻骨，焉得梅花扑鼻香。要想收获，就得先春耕；一年之计在于春，人生的关键不也在春天吗？

“枯木逢春犹可发，人无两度少年时”，我们怎可虚度此年少光阴呢？愿在此人生中的春天里，我们都能撷到丰硕的果实，且能好好珍惜人生的春天。

赏析

这是一篇融感情于论说之中的散文。文章短小精悍，作者思路清晰。先说什么是人生的春天，再说为什么珍惜人生的春天，后说如何珍惜人生的春天，全文一气呵成。抒怀、叙述、议论融为一体；成语、古语、名句运用自如，使文章既有文彩，又有较丰富的内涵，能催人向上、发人深思。

另一种珍爱

>> 艾涛生

我们必须学会自己修枝打杈寻水培肥，使自己不会沉沦为一棵枯荣随风的草，而成长为一株笔直葱茏的树。

曾读过一篇小说《绿墨水》，讲一位慈父为使女儿有勇气面对生活而借她同班男生的名义给她写匿名求爱信的故事。感动之余我忽然想到：人真是太脆弱了，似乎总是需要通过别人的语言和感情才能肯定自己热爱自己。如果有一天这世界上没有一个人去关怀你爱护你倾听你鼓励你——人生中必定会有这样的时刻，那时你怎么办呢?

我深记一位老音乐家辛酸的轶事。他在“文革”中被下放到农村为牲口铡了整整 7 年的草。当他平反回来，人们惊奇地发现他并没有憔悴衰老。他笑道：怎么会老呢，每天铡草我都是按 4/4 拍铡的。为此，我敬仰这位并不著名的音乐家，他懂得拯救自己和爱自己。

……

学会爱自己，不是让我们自我姑息，自我放纵，而是要我们学会勤于律己和矫正自己。这一生中有许多时候没有人督促我们指导我们告诫我们叮咛我们，即使最亲爱的父母和最真诚的朋友也不会永远伴随我们。我们拥有的关怀和爱抚都有随时失去的可能。这时候，我们必须学会自己修枝打杈浇水培肥，使自己不会沉沦为一棵枯荣随风的草，而成长为一株笔直葱茏的树。

学会爱自己，让我们在无房可居的时候，亲手去砌砖叠瓦，建造出我们自己的宫殿，成为自己精神家园的主人。

赏析

学会爱自己，就是要学会一种独立面对生活的决心和勇气。

在失意的时候，会自己安慰自己，在得意的时候会自己鞭策自己，在烦燥的时候，会自己调整自己

学会爱自己，就等于学会如何适应生存。

学会爱自己，就不至于抬高自己、迷失自己、抛弃自己……

朋友，你是怎样爱自己的呢？

他要感谢那只手

>> 晶　晶

我们每个人都有要感谢的，其中不仅有物质上的给予，而且也包括精神上的支持，诸如得到了自信和机会。对很多给予者来说，也许，这种给予是微不足道的，可它的作用却常常难以估量。

感恩节的前夕，美国芝加哥的一家报纸编辑部向一位小学女教师约稿，希望得到一些家境贫寒的孩子画的图画，图画的内容是：他想感谢的东西。

孩子们高兴地在白纸上描画起来。女教师猜想这些贫民区的孩子们想要感谢的东西是很少的，可能大多数孩子会画上餐桌上的火鸡或冰淇淋等。

当小道格拉斯交上他的画时，她吃了一惊，他画的是一只手。

是谁的手？这个抽象的表现使她迷惑不解。孩子们也纷纷猜测。一个说："这准是上帝的手。"另一个说："是农夫的手，因为农夫喂了火鸡。"

女教师走到小道格拉斯——一个皮肤棕黑色、又瘦又小、头发卷曲的孩子桌前，弯腰低头问他："能告诉我你画的是谁的手呢？"

"这是你的手，老师。"孩子小声答道。

她回想起来了，在放学后，她常常拉着他的粘乎乎的小手，送这个孩子走一段。他家很穷，父亲常喝酒，母亲体弱多病，没工作，小道格拉斯破旧的衣服总是脏兮兮的。当然，她也常拉别的孩子的手。可这只老师的手对小道格拉斯却有非凡的意义，他要感谢这只手。

我们每个人都有要感谢的，其中不仅有物质上的给予，而且也包括精神上的支持，诸如得到了自信和机会。对很多给予者来说，也许，这种给予是微不足道的，可它的作用却常常难以估量。因此，我们每个人都应尽自己的所能给予别人。

■赏析

这是一篇充满人情味的小散文。作者由一件小事引开去，设置悬念，让我们猜测，当谜底揭开时，又让我们在感悟之余深深沉思：在别人需要时，我们是否伸出过自己温暖的手帮助过他们呢？我们的付出对我们而言也许是微不足道的，甚至有时是不经意的，但对于那些需要的人来说，则是严冬里的一盆炭火，酷暑里的一杯冰茶了。让我们以爱心去关怀别人并且回报别人的关怀，那我们的世界就会充满阳光。这就是这篇散文给我们最大的启示。